Arrêtez de faire des gosses !

Ou comment être une nullipare assumée

Eve LIBERA

Copyright © 2019 Eve Libera
Tous droits réservés.
Édition : BoD – Books on Demand
12/14 rond-point des Champs-Élysées, 75008 Paris
Impression : BoD - Books on Demand, Norderstedt, Allemagne
ISBN : 9782322190836
Dépôt légal mars 2020

TABLE DES MATIÈRES

Introduction 5

1/ Avoir un enfant est une obligation sociale 9
Un modèle de vie considéré comme normal........................ 9
Un archétype de la structure familiale qui perdure 17
La pression familiale et amicale... 24

2/ L'enfant, symbole de réussite et compensation des frustrations 31
Vouloir être parent : à la recherche d'un statut ? 31
L'enfant est souvent le réceptacle des attentes des parents... 38
Quand l'enfant n'est pas celui que l'on espérait 45

3/ L'enfant vous abîme physiquement et moralement 53
Les joies de la grossesse et de l'accouchement 53
Bébé est un vampire qui vous suce énergie et temps 60
Usure psychique et sentiment de culpabilité.................... 66

4/ L'enfant ruine votre vie de couple.......................73
Bouleversement des priorités... 73
Bonjour bébé, adieu sexualité ! 80
Rivalité parentale et jalousie.. 86

5/ Devenir parent vous piège dans un système 93
Le système vous incite à vous reproduire, parfois contre votre intérêt... 93
Une fois parent, on fait partie d'un club 101
Un gouffre financier quasiment inéluctable....................107

6/ L'impact particulièrement négatif des enfants sur l'émancipation des femmes.................................115
Conséquences de la maternité sur la situation professionnelle et financière 115

Quand la responsabilité de l'enfant retombe sur la mère 122
Le piège de la sacralisation du rôle de la mère 129

7/ Tous les adultes ne sont pas faits pour être parents 137
L'instinct plus fort que tout ? 137
Certaines caractéristiques sont rédhibitoires pour être un bon parent 143
Maltraitances en tous genres 149

8/ Faire un enfant : un choix égoïste 159
Créer un nouvel individu sur Terre, une fausse bonne idée ? 159
Les « mauvaises raisons » d'avoir un enfant 166
Vouloir un enfant... au détriment de tout le reste 172

9/ Avoir plusieurs enfants... ou comment chercher les problèmes (et les trouver) 179
Quand la quantité prévaut sur la qualité 179
Les relations fraternelles, pour le meilleur et pour le pire 187
Un petit dernier ? Non, merci 193

10/ Assumer de ne pas vouloir de gosses ! 201
La peur d'être différent 201
Encaisser, encore et encore, les mêmes réflexions 204
Petites astuces anti-gosses dans des situations concrètes 206
Quelques avantages à ne pas avoir d'enfant auxquels il faut penser 210

Conclusion 213

Bibliographie 217

Introduction

Quand on me demande « Ah, tu ne veux pas d'enfants ? Pourquoi ? », j'ai pris l'habitude de répondre systématiquement par une autre question « Pourquoi en voudrais-je ? Toi, pourquoi tu en veux ou pourquoi tu en as voulu ? ». Là, en général, il y a un blanc. Sans doute, mon interlocuteur/trice ne s'attendait pas à cette réponse. Puis viennent des réponses, parfois tellement banales qu'on se demande si elles ont été apprises par cœur, et parfois franchement aberrantes : « Bah, comme tout le monde, normal, quoi ». Ah oui, ça, c'est réfléchi.... Quelquefois la réponse qu'on me fournit est détaillée et sonne sincère, mais c'est plutôt rare.

Pourquoi est-ce que je raconte cette anecdote ? Parce que la plupart du temps, si les gens s'interrogent sur les motivations de celles et ceux qui ne veulent pas d'enfants, moi, je m'interroge sur la raison pour laquelle les personnes ont eu, ou vont avoir, des gosses.

J'ai toujours eu l'impression que les chères petites têtes blondes (ou brunes ou rousses, la couleur importe peu) sont surtout une source sans fin d'ennuis en tous genres et un boulet à traîner dans une existence déjà bien assez chargée en matière de contraintes.

Évidemment, l'image de la famille idéale, avec enfants, que la société vous vend (au propre comme au figuré, car si vous faites des enfants, sachez que certains y gagnent, j'y reviendrai), passe sous silence certains aspects peu alléchants de la parentalité. C'est le principe de la communication et de la publicité : on ne va pas vous vanter les problèmes techniques, ni les coûts de l'entretien liés à un produit qu'on cherche à vous faire adopter. Et pourtant, dans le cas des enfants, qui ne sont pas livrés avec un bon de retour (comme bien des produits à l'heure actuelle, que l'on peut essayer et renvoyer contre remboursement), cela vaut le coup d'envisager tous les aspects de la question. Tous, y compris ceux qui vous feront peut-être hésiter finalement...

Les réponses de beaucoup de ceux qui ont eu, ou veulent avoir, des mioches tendent souvent à laisser penser qu'ils ne se sont pas vraiment posé de questions de fond. Ainsi, il leur paraît évident de me demander pourquoi je n'en veux pas, alors que l'interrogation inverse « et toi, pourquoi tu en veux ? » les laisse démunis. Comme s'il y avait une normalité, ce qui est accepté de tous comme une évidence universelle et ne nécessite aucune explication, et « les autres choix », qui soulèvent suspicion et incompréhension. On serait ainsi dispensé de s'interroger, du moment que l'on suit le « chemin général ». Dispensé de s'interroger sur les raisons, les envies, les motivations, parfois en dépit de tout bon sens, pour lesquelles on créé un nouvel être humain que l'on s'attache pour un petit moment, parce que, rappelons-le, avoir un enfant, c'est d'abord ça !

Une évidence universelle donc, un chemin unique pour tous et toutes ? Pour ma part, je demeure intimement convaincue que tous les adultes ne sont pas faits pour devenir des parents, et que faire le choix de la maternité ou de la paternité peut carrément nuire au bonheur de certains (beaucoup ?) d'entre nous.

Une brève parenthèse pour préciser que je ne prône pas le « zéro enfant pour personne » (s'il n'y avait pas d'enfants, il faudrait les inventer, ces petits êtres sont une source unique d'inspiration et d'épuisement qu'aucun jeu vidéo, même en réalité virtuelle, ne pourrait remplacer). Par contre, je m'élève contre cette dictature sociale de « la parentalité comme modèle universel et symbole de normalité ». Je revendique avant tout le libre choix de chacun, en connaissance de cause et si possible après une courte (ou moins courte, c'est mieux...) réflexion sur les implications dudit choix, dans l'intérêt même de l'enfant.

Les exemples que je citerai par la suite sont tirés de mon expérience personnelle, de conversations avec des collègues, des ami(e)s, des proches (ou moins proches) et par l'observation, parfois amusée, parfois affligée, des comportements de mes congénères humains.

Si vous n'avez pas d'enfants et n'en voulez pas, peut-être vous sentirez-vous moins seul(e) en lisant ces lignes. Si vous ne pouvez pas en avoir, peut-être y trouverez-vous une forme de consolation. Enfin, si vous en avez déjà, peut-être vous reconnaîtrez-vous dans certaines des situations décrites. Peut-être même renoncerez-vous à en faire un de plus !

1/ Avoir un enfant est une obligation sociale

Un modèle de vie considéré comme normal

- Ne pas vouloir d'enfant, c'est suspect

Quoi que cache la décision d'avoir un (ou des) enfant(s), la situation de parentalité ne soulève que rarement des questionnements sur les motivations ayant entraîné ce choix plutôt qu'un autre, en l'occurrence celui du « pas de gamin pour moi, merci ». Au contraire, celui ou celle qui ne souhaite pas (ou ne peut pas) entrer dans ce modèle qui est, convenons-en, le plus répandu, fait rapidement l'objet de supputations, en général peu flatteuses.

Pour un homme, le refus d'avoir des enfants est souvent associé à l'incapacité de se stabiliser, de s'engager, de se responsabiliser, donc comme une preuve d'immaturité. Je ne dirai rien ici sur les géniteurs ayant procréé mais laissant à la mère de leur descendance le soin de gérer tout à la fois les tâches ménagères, l'éducation, les bobos et autres joyeusetés (comme quoi, on peut être « père » et irresponsable, immature ou instable, sachant que ce cas de figure existe aussi, même s'il est plus rare, chez les femmes). L'homme sans enfants a peut-être finalement fait preuve d'une certaine responsabilité en choisissant de ne pas générer de petits êtres dont il se sait incapable de s'occuper correctement, de par son tempérament ou son mode de vie.

Passons à la femme qui n'a pas d'enfants à présent. Là, c'est pire. Pour un homme, encore, la situation peut faire rire (« Quel dragueur lui, je ne le vois pas en père de famille, ce ne serait pas son truc ! »), pour la femme, le jugement est, comme dans la plupart des autres domaines, beaucoup plus impitoyable. Soit elle a « un problème » (d'ordre psychologique, cela va sans dire), soit c'est une femme légère, égoïste, voire libertine, vous voyez où je veux en venir ? Parce que, bien sûr, toute femme sensée et normale (j'aimerais trouver une définition à la « normalité » quand celle-ci se rapporte à plusieurs milliards d'individus différents), n'aspire qu'à se caser et avoir des enfants.

Et cette méfiance vis-à-vis des « sans enfant » peut atteindre des sommets de bêtise : la question la plus absurde qui m'a été adressée, à ce jour (je précise « à ce jour » car je m'attends à entendre une remarque encore plus idiote une prochaine fois) fut : « Tu ne veux pas d'enfants ? Tu es lesbienne ? ». Il y eut un silence et une tentative de la part de mes globes oculaires de quitter leurs orbites. Quel rapport entre l'orientation sexuelle et le désir de paternité ou de maternité ? On peut être homo et vouloir des bambins. Ou être hétéro et ne pas en vouloir. D'autant plus que, à ma connaissance, on peut réfléchir de manière rationnelle au choix de faire ou ne pas faire d'enfants, alors qu'on ne choisit pas de manière rationnelle son orientation sexuelle. Amalgame absurde. Quoi que, à la réflexion, là encore la remarque tendait à renvoyer à la problématique de « ce qui est normal » et « le reste », « les personnes différentes » qu'on rassemblerait dans un grand panier où tout se mélangerait dans un étrange cocktail : homos, libertins, névrosés, sans enfant…

L'Institut National d'Études Démographiques (INED) évalue à 5% de la population française le nombre de personnes ne voulant pas d'enfant[1], ce qui reste très minoritaire. Aussi, l'absence de désir d'enfant est-elle rapidement assimilé à une sorte de trouble du comportement, lié à des problèmes profonds de l'individu et s'apparentant presque à une anormalité. Les personnes vont chercher à connaître le « pourquoi » de la chose, et rapidement effectuer des raccourcis simplistes avec d'autres aspects de votre personnalité : serait-ce lié à une enfance diffi-

---

[1] Bulletin mensuel d'information de l'INED « Population et Sociétés » de février 2014.

cile ? Au divorce précoce de vos propres parents ? À un traumatisme de l'adolescence ? À une incapacité à s'investir dans une relation durable ?

Bien sûr, nos choix de vie sont dictés en partie par notre vécu, mais pourquoi ne pas appliquer également ce raisonnement aux personnes qui veulent des enfants (ce qui est aussi un choix) ? Prenons l'exemple de celles et ceux qui font un gamin alors que le moment paraît très mal choisi (situation financière précaire, problèmes de santé, fragilité du couple, instabilité...). Pour ces personnes-là, on se pose parfois la question « mais pourquoi font-ils un gamin dans cette situation ? ». Il y a sans doute autant de réponses que d'individus. Il reste cependant dommage que le questionnement sur les motivations profondes des parents n'apparaisse que dans ces cas particuliers. Tout individu faisant le choix de procréer obéit à des motivations complexes, tout autant qu'un individu qui ne veut pas d'enfant.

- Condescendance inutile et pitié dangereuse

On laisse parfois le bénéfice du doute à ces irréductibles « nullipares[2] » (j'adore ce terme, tellement

---

[2] Désigne une femme n'ayant jamais porté d'enfant. Caractérise aussi une femelle de mammifère avant sa première gestation, un moustique femelle avant sa première ponte (Encyclopédie Universalis).

poétique, dont on vous affuble parfois lors de consultations médicales). Bénéfice du doute parce qu'il subsiste toujours la possibilité que l'absence d'enfants soit involontaire, due à un problème de santé, un accident de la vie, une situation familiale particulière, n'ayant pas permis l'épanouissement d'un merveilleux cocon constitué d'un père, une mère, une maison avec un garage, un chien et un jardinet de vingt mètres carrés planté de rosiers qui, comme chacun sait, constitue le rêve absolu de tout individu. Bref, on chuchote, on suppose : « Tu sais pourquoi il/elle n'a pas d'enfants ? ». Parfois on accorde un regard condescendant mais qui se veut empathique à la personne concernée, sans même savoir si la situation n'est pas tout simplement un choix de sa part. Non, cette hypothèse est inenvisageable ou alors elle relève des cas cités précédemment et la personne est donc à plaindre.

Pourtant, cette soi-disant bienveillance, non dépourvue d'un sentiment de supériorité (bah oui, on a des enfants, et il/elle n'en a pas...), peut être destructrice pour l'individu qui en fait les frais. Si réellement l'absence d'enfants lui a été imposée par des circonstances indépendantes de sa volonté, il est probable que la situation lui soit particulièrement douloureuse. J'ai vu une amie « en mal d'enfants » se retrouver au bord des larmes à cause d'allusions peu délicates et chargées de pitié à sa situation qui demeure de l'ordre du privé. Inutile de retourner le couteau dans la plaie !

Un cas intéressant est celui des personnes n'ayant pas eu d'enfants alors qu'elles l'auraient souhaité au départ, et qui ont finalement bâti leur vie autrement. Certaines avouent même avoir réalisé des rêves et des projets qui les ont comblées, et qui n'auraient pas été compatibles avec la présence de mioches, pardon d'enfants. Parfois, elles le disent franchement : « Ça a été un mal pour un bien ». Aujourd'hui quinquagénaires, sexagénaires, ou plus, ces personnes affichent des parcours de vie parfois originaux, souvent épanouissants. Quel besoin de leur adresser alors un « je suis désolé » quand elles disent qu'elles n'ont pas d'enfants ? Et pourtant, cette remarque s'apparentant à une condoléance revient souvent ! Est-ce une manière de leur signifier que leur vie a été un échec ? Que malgré tout l'épanouissement qu'elles peuvent connaître, il y aura toujours quelque chose qui leur manquera ? Si la blessure de ces personnes existe encore, au plus profond d'elles-mêmes, c'est cruel. Si la blessure est parfaitement cicatrisée, c'est stupide et inutile. Alors pourquoi ne pas garder les « désolé(e) » pour les moments de deuil, bien assez nombreux ?

Quant aux personnes qui n'ont pas d'enfants par choix pur et simple dès le départ, elles vont très vite s'agacer face à la répétition des sempiternelles réflexions de type « Tu changeras d'avis » (vivement que je puisse répondre que je suis ménopausée...) ou « Tu le regretteras un jour » (bah oui, toi aussi peut-être, tu regretteras d'en avoir eu... Certains parents regrettent d'avoir eu des enfants, si, si !). Comme le rappelle la phrase attribuée à André Gide : « Choisir, c'est renoncer ». Tout être humain éprouve des regrets quant à certaines décisions prises dans son existence, et des remords pour certains choix... Et si nous essayions simplement, chacun de nous, de faire comme nous le sentons ?

- Le mutisme forcé des parents qui regrettent leur choix

Connaissez-vous beaucoup de parents qui, en public, avouent regretter d'avoir eu des enfants ? Moi, non. Par contre, en privé, j'en ai rencontré. J'ai également lancé quelques petits sondages sur des sites dédiés à cet usage. La grande majorité des parents disent ne pas regretter leurs enfants. Mais environ 10% disent le contraire. Provocation ? Les sondages sont anonymes... Par ailleurs, les personnes qui m'ont confié, en face-à-face au cours d'une discussion, leur regret sur la question, sont bien réelles. Et le plus surprenant, c'est que ce sont souvent de « bons » parents : attentionnés, ils ont donné du temps, de l'argent et de l'énergie pour que leurs gamins fassent un bon départ dans la vie. Ils reconnaissent même les aimer, la plupart du temps, mais, avec le recul, ils estiment que leur vie aurait été meilleure sans ces rejetons et que, si c'était à refaire, ils s'abstiendraient !

Les raisons sont multiples : l'enfant a pu être la cause d'une séparation, il a pu donner du fil à retordre à ses parents de par ses soucis divers (santé, comportement, insertion professionnelle ou sociale...), il a pu « arriver trop vite » (la cigogne était pressée), ou avoir été un élément qui a freiné l'évolution professionnelle d'un parent ou qui a empêché un changement de parcours de vie. Mais parfois, il n'y a pas de raison spécifique, c'est un ensemble d'éléments qui pousse l'individu, souvent arrivé à un certain âge (cinquante ans ou plus, donc avec un peu de recul sur sa vie), à estimer que son choix n'était pas le meilleur à faire dans son cas. Et ce ne sont pas systématiquement les parents des enfants les plus « difficiles » qui tiennent ce raisonnement. Objectivement, sans renier ce que leurs enfants leur ont apporté de positif, certains adultes concluent, en mettant dans la balance avantages et inconvénients, et en prenant conscience de leurs besoins spécifiques et de leurs traits de personnalité, qu'ils auraient gagné à s'abstenir de se reproduire.

Beaucoup ne me font ces confidences qu'après avoir eu connaissance de ma position personnelle sur les enfants ; la parole se libère, mais malgré cela, la plupart de ces personnes se sentent obligées de préciser « Pourtant j'aime mes enfants ». Elles le disent très vite, sans doute de peur d'être dénoncées et conduites au bûcher par une foule horrifiée par cette révélation. Ouh, les méchantes gens qui avouent qu'elles auraient été heureuses sans leurs gosses ! Quelle honte... Même si de nombreux parents ont déjà dû le penser plus d'une fois. Allez, rappelez-vous : quand votre mari vous a quittée juste après la naissance de votre troisième enfant pour partir au soleil avec sa secrétaire pendant que vous torchiez bébé ? Ou quand le dermatologue vous a annoncé la maladie de peau incurable de votre aînée qui allait chambouler votre quotidien et vous interdire à jamais les vacances en famille au soleil ? Non ? Alors peut-être quand votre fils unique a fugué à quinze ans et que vous l'avez récupéré au commissariat après trois jours d'inquiétude ? Avoir des enfants n'est pas la voie qui convient à tout le monde, mais la société tente bien souvent de nous le faire oublier.

Un archétype de la structure familiale qui perdure

- « La finalité d'un couple est d'avoir des enfants »

J'ai mis cette phrase délicieusement débile en sous-titre parce qu'elle me semble en valoir la peine. J'étais assise quand je l'ai entendue, heureusement. Elle était prononcée par une de mes collègues lors d'une pause-café. Je me suis lancée à demander des précisions, du style « Tu veux dire que si un couple n'a pas d'enfants, ce n'est pas un VRAI couple » ? En l'occurrence ma seconde collègue présente, en couple, n'avait pas d'enfants à l'époque (et ce n'était pas un choix, donc je suppose qu'elle a apprécié). Si on analyse la réflexion, pour un couple qui souhaite avoir des enfants mais ne parvient pas à en avoir, c'est doublement dommage : d'abord parce qu'ils ne seront pas parents, ensuite parce que leur couple n'a pas lieu d'exister, ou pas lieu d'être considéré comme tel, du fait de l'absence de ce marmot qui ne veut pas pointer son nez. Sympa.

Navrée de contredire cette idée mais, étant moi-même en couple (depuis longtemps) à l'heure où j'écris ces lignes, je peux affirmer qu'un couple peut avoir une toute autre raison d'être. Et puis, il faudra m'expliquer ce qu'est « la finalité d'un couple » : Être bien ensemble ? Avoir un projet de vie commun ? Partager des valeurs ? Faire ensemble de magnifiques voyages ? Refaire le Kama-sutra de A à Z ? La liste peut être longue, parce qu'il existe autant de « finalités » qu'il y a de couples.

Les couples fidèles pourront être choqués par les couples libertins et même leur retirer cette « qualification » de couple parce qu'ils s'ébattent avec de multiples partenaires. Les couples mariés pourront regarder de haut ceux qui vivent en concubinage sans s'être passé la bague au doigt... Si les deux partenaires sont d'accord sur le mode de vie qui leur convient, et qu'aucune des parties ne se sent lésée dans l'affaire, pourquoi édicter des règles universelles sur ce qui fait un couple ?

Allons plus loin, pourquoi un couple devrait-il nécessairement avoir « une finalité » ? Se reproduire entre dans l'instinct de l'espèce, soit, mais à l'heure actuelle, tout au moins dans nos sociétés occidentales, le choix du/de la partenaire n'est pas forcément basé sur le devoir de procréer pour transmettre un nom, une terre, continuer une lignée... Combien de couples d'un soir se forment sur une attirance physique, sexuelle, spirituelle, sans imaginer aller plus loin ? Ils sont nombreux ! On peut chercher « l'autre » pour partager du plaisir, du rire, de l'émotion. On peut avoir envie d'être ensemble un moment, court ou long, on peut souhaiter vivre ensemble ou pas, prendre le nom de l'autre ou non, sans devoir être classé dans une catégorie de « vrai couple » ou « pas vraiment un couple ». L'appréciation ne devrait-elle pas être laissée entre les mains des deux partenaires ?

- L'enfant est souvent associé, pas toujours à raison, à l'amour

Vous connaissez certainement la phrase qui clôt la plupart des contes de fées : « Ils se marièrent, vécurent heureux et eurent beaucoup d'enfants ». Dès notre plus jeune âge, on nous inculque que la voie du bonheur passe par la reproduction et qu'une histoire d'amour se conclut forcément par des gamins (Combien de films romantiques se finissent par l'annonce de la grossesse de l'héroïne ?? Suffisamment pour que cela devienne lassant). Et cette idée préconçue marque durablement les esprits des adultes que nous devenons.

« Dès que je l'ai rencontrée, j'ai su qu'elle serait la mère de mes enfants », peut-on entendre dans une conversation entre ami(e)s. Ou encore « Je veux un enfant de Maxime parce que je l'aime tellement ». OK, et si ton Maxime ne peut pas avoir d'enfant, ça donne quoi ? Tu cesses de l'aimer ? Bah non, parce que tu veux des enfants de lui justement parce que tu l'aimes... Et pourtant, il n'est pas rare de voir des couples se séparer quand l'un des partenaires se montre incapable de procréer (ou réticent à le faire).

L'idée d'associer l'enfant à l'amour (comme le couple à l'amour) est une invention récente mais qui s'est très bien répandue. Au point d'en faire oublier qu'un bébé est issu d'une rencontre biologique de deux gamètes mâle et femelle. L'amour n'est pas une composante nécessaire pour que la recette prenne physiologiquement parlant. Un enfant peut naître d'un viol ou d'un inceste. J'ai tendance à le rappeler quand mon interlocuteur, effaré par ma prise de position anti-gosse (pour simplifier) me demande si j'ai des sentiments sérieux pour mon compagnon. Quel rapport ? C'est sans doute mieux (et plus facile à l'heure actuelle qu'il y a quelques siècles) d'aimer le père ou la mère de ses enfants, mais cela ne fait pas tout.

L'enfant devient ainsi une sorte de « preuve » d'amour que certains se donnent le droit d'exiger de leur partenaire, sans forcément prendre en compte le fait que l'autre ne partage peut-être pas le même désir. Quand on aime, on fonde une famille. On fait des gosses. C'est une preuve d'attachement, comme le mariage (même si un mariage sur deux finit par un divorce, ou plus précisément 46,7 mariages sur 100 en 2016[3]). Parfois, l'enfant devient même un moyen de s'attacher l'autre, de le retenir (technique hasardeuse sans aucune garantie néanmoins). Alors, est-ce de l'amour ou un besoin de possession ?

Voir un couple qui dit s'aimer mais ne veut pas enfanter pose question pour beaucoup. Dans notre société occidentale d'influence judéo-chrétienne, les relations sexuelles, potentiellement assimilées à un acte de péché, ont longtemps été codifiées et tolérées dans le cadre du mariage et avec un but de reproduction. Enfin, ça c'était la version officielle, en privé les écarts ont été nombreux au fil des siècles... La règle était encore plus rigoureuse pour les femmes, dont la sexualité a été plus bridée (et plus incomprise) que celle des hommes : cette sexualité ne devenait acceptable que parce qu'elle permettait à la femme d'enfanter. Les choses ont bien évolué avec la libération des mœurs, mais des siècles de bourrage de crâne ont laissé des traces dans les esprits et, aujourd'hui encore, on associe trop facilement le couple (notamment le couple stable) à la venue évidente d'enfants.

- Le désir d'enfant qui créé le couple... ou le défait

Pour approfondir cette analyse du rapport entre couple et reproduction, au-delà de l'aspect naturel évi-

---

[3] Etude INED basée sur les données de l'INSEE et du ministère de la justice et des libertés.

dent (c'est plus simple d'être deux et de sexes opposés pour tenter d'avoir un bébé !), on peut s'interroger sur l'impact du désir d'enfant sur la formation et la résistance du couple.

Une tendance relativement répandue consiste à choisir un ou une partenaire parce qu'on veut « faire des enfants », que l'horloge biologique tourne, que l'on se sent prêt à se poser... Dans ce cas, le couple se construit avant tout autour du désir d'enfant, c'est la paternité et la maternité qui fondent le couple. Cela peut très bien fonctionner si les deux partenaires sont dans la même démarche. Par contre, inutile de souligner que si l'un des partenaires ne peut pas assurer son rôle de reproducteur (soucis de fertilité, « pas prêt »...), la rupture est quasiment incontournable.

Un de mes amis s'est ainsi fait larguer par la femme avec laquelle il projetait de faire sa vie lorsque sa stérilité a été révélée. « J'ai l'impression de n'avoir été pour elle qu'un étalon reproducteur, dès qu'elle a connu les résultats de mes tests, elle m'a jeté », m'a-t-il avoué. Si les deux partenaires ne sont pas sur la même longueur d'onde sur la question de la « raison d'être » du couple, les déceptions seront au rendez-vous.

Pour en revenir à l'idée selon laquelle « les enfants seraient la finalité d'un couple », qui est, nous venons de le voir, à double tranchant, j'y vois un aspect rassurant pour de nombreuses personnes. Une fois que les « chères petites têtes blondes » seront là, ils passeront en priorité (espérons-le pour eux, car ils n'ont rien demandé, surtout pas à venir au monde). La finalité du couple sera alors tracée, au moins sur ce point : élever les enfants.

En l'absence de marmots, le couple sera sans doute amené à s'interroger plus souvent sur la direction qu'il veut prendre : pourquoi rester ensemble ? Quels projets ? Quelles envies ? Par certains aspects, ce questionnement perpétuel est inconfortable. Il est cependant une source de réflexion et d'inventivité au quotidien, une magnifique opportunité d'évoluer, de se remettre en cause, de prendre des risques parfois. On peut se poser la question « Pourquoi je reste ? » sans avoir la réponse toute trouvée : « Pour les enfants ». Non, on reste pour soi, pour des raisons diverses et toujours très personnelles. Ou bien on s'aperçoit que la relation est arrivée à son terme, qu'elle ne nous épanouit plus. Il faut alors prendre une décision, pour soi. Bref, l'équilibre est peut-être plus fragile, mais aussi plus sincère aux yeux de certains. Il est des couples qui ne résistent pas à ce mode de fonctionnement, d'autres s'en trouvent renforcés, renouvelés. Parce que si votre « finalité de couple » est simplement de garder vive la flamme amoureuse, vous aurez déjà de quoi vous occuper à plein temps !

C'est vrai, en France, beaucoup de couples ont des enfants. Peut-être aussi certains de ces ménages ne sont-ils encore ensemble QUE parce qu'il y a les enfants. Parfois même chacun vit sa vie de son côté tout en cohabitant, le seul lien qui unit encore les partenaires étant la présence d'une descendance commune (d'où le syndrome du « nid vide », ce sentiment de vacuité, voire d'inutilité, pouvant aller jusqu'à la dépression et la séparation, qui touche les parents quand leur progéniture quitte la maison). Le départ des enfants est alors un révélateur : le couple a perdu sa raison d'être.

Ceux qui restent ensemble pour les enfants uniquement, seraient-ils des couples de moindre valeur ? Parce qu'ils sont parents avant d'être amants ? Aux yeux de certains peut-être. Comme quoi, les rôles peuvent facilement s'inverser quand il s'agit de jugement de valeur... S'il existe des couples qui ne perdurent qu'à travers la parentalité, n'est-il pas évident d'imaginer des couples qui subsistent en-dehors de tout projet d'enfant ?

La pression familiale et amicale

- Rivalité entre membres de la même génération

Insidieuse ou ouverte, très fréquente en tout cas, la pression de la famille et de l'entourage proche joue un rôle non négligeable dans le choix d'avoir des enfants et dans le moment où concrétiser ce choix. Qui n'a pas entendu, lors d'un repas de famille « Et toi, tu nous en fais un quand ? » ou bien « Tu t'arrêtes à deux, c'est sûr ? Pas un petit troisième ? ». Bien souvent, le proche qui s'infiltre de manière aussi intrusive dans votre vie privée va en rajouter une couche en comparant avec untel ou unetelle : la cousine qui en a déjà trois alors qu'elle est plus jeune que vous, le frère qui vient de se fiancer et dont la copine est déjà enceinte, etc.

Il est souvent plus difficile de maintenir une distance avec la famille qu'avec les collègues, amis et autres relations. Les liens sont plus anciens, basés sur le sang et/ou le mariage, on se sent facilement tenu d'obtempérer à certaines obligations de type repas de famille ou réunions lors de cérémonies. À votre avis, pourquoi est-ce là l'instant choisi par votre cousin (celui que vous ne supportiez pas étant enfant, parce qu'il vous faisait manger de la terre ou vous tirait les cheveux), pour parler de ses trois chers bambins alors que vous-même n'en avez pas ? Il pourrait se dire que cela ne vous intéresse sans doute pas le moins du monde, parce que vous ne vous voyez qu'une fois tous les deux ans, parce que ses rejetons ont des prénoms impossibles que vous ne retenez pas et, parce qu'avec un an d'écart entre chaque, il est difficile de savoir qui est l'aîné et qui est le dernier ? Mais au fond, votre cousin, il s'en fiche que cela vous intéresse. Il veut simplement marquer que, lui, il a trois enfants. Une forme de réussite, un aboutissement social. Sans doute aussi une petite vengeance pour les fois où vous avez réussi mieux que lui, dans vos études ou dans vos relations amoureuses ?

Eh oui, le nombre d'enfants, leur réussite à l'école, ou plus tard professionnelle, peut devenir un moyen de frimer au sein d'une famille et une arme au service des rivalités familiales. Le nombre d'enfants pondus par chacun(e) peut ainsi très vite dégénérer en un concours absurde où ceux qui se sont toujours sentis déconsidérés prennent leur revanche parce qu'ils ont – enfin – quelque chose de plus que vous. On remarquera qu'il est fréquent que les grossesses se suivent entre sœurs ou cousines, (de même qu'entre copines ou collègues), à quelques semaines ou quelques mois près, personne ne voulant apparemment « être en reste ». J'ai connu dans un service où je travaillais une véritable « épidémie » de grossesses qui a touché 6 collègues, âgées de 25 à 43 ans, sur une même année (sur un total de 15 femmes en âge de procréer. Hasard ? Pas sûr...).

- Pression parentale

Du côté des aïeux aussi, la pression existe. Parents et grands-parents ont sans doute toujours envisagé que, comme eux, vous feriez des gosses. Même s'ils vous ont répété pendant toute votre enfance combien vous étiez insupportable et à quel point ils se seraient bien passés de vous avoir, sans doute pensent-ils que vous allez à présent faire la même erreur. Ils vont avoir une petite revanche, vous voir morfler comme eux ont morflé. Ils vont pouvoir sortir la phrase qu'ils ruminent depuis tant d'années : « Ah, tu comprends enfin ce que j'ai vécu avec toi quand tu étais enfant ».

Et là, patratras ! Le schéma auquel ils s'attendaient ne se réalise pas ! Non seulement ils vont devoir s'asseoir sur la possibilité de donner leur avis « d'experts » sur votre manière de vous y prendre avec vos gosses, mais ils vont devoir expliquer à leurs voisins et amis, que leur enfant ne veut pas d'enfant ! Ils vont donc subir toutes les réflexions que vous-mêmes vous prenez dans la figure, s'entendre dire que c'est triste pour eux de ne pas connaître la joie d'être grands-parents. Si vous avez des frères et sœurs qui se reproduisent, vous serez comparé (négativement) à eux, si vous êtes enfant unique, ce sera encore plus terrible car vous êtes le seul et unique espoir pour eux de devenir grands-parents ! Une privation pour eux, qui n'ont pas fait le choix de ne pas avoir d'enfants, c'est votre choix que vous leur imposez, sales égoïstes...

Là j'imagine que vous vous dites « Tiens, elle change d'avis ? Elle va dire qu'il faut avoir des enfants pour faire plaisir à ses parents finalement ? ». Non. Parce qu'avoir ou ne pas avoir d'enfants c'est VOTRE choix, pas celui de vos frères ou sœurs, qui ne seront donc peut-être jamais tatas et tontons (ils feront avec, rassurez-vous) ni celui de vos parents. On choisit d'être parents (la plupart du temps), mais on ne choisit pas d'être grands-parents. Le choix de la reproduction n'incombe qu'aux futurs parents. Un parent ne peut pas exiger de son enfant qu'il fasse tel ou tel choix de vie, surtout un choix aussi crucial que celui de la parentalité, sous prétexte qu'il veut s'entendre appeler papy ou mamie ! C'est dénier l'individualité, les désirs propres de son enfant que d'attendre de lui qu'il accomplisse ce que l'on a prévu au lieu ce qu'il souhaite au fond de lui. Beaucoup de parents, hélas, ont cette attitude. De quoi leur suggérer de réfléchir de leur côté à la raison pour laquelle eux-mêmes ont eu des enfants et ce qu'ils en attendaient (nous y reviendrons plus loin).

Il ne vous reste plus qu'à suggérer à votre papa ou à votre maman, qui s'ennuie ferme depuis le début de la retraite, de se trouver une activité, et pourquoi pas une activité au contact des enfants ? En quelques séances, cela devrait agir comme une thérapie de sevrage. Soit en lui apportant une partie de ce qu'il ou elle recherchait dans l'idée de devenir grand-parent, soit en lui rappelant combien les gamins peuvent être chiants...

- L'influence de l'entourage et la mise à l'écart des « sans enfant »

Avez-vous remarqué que les couples qui ont des enfants sont souvent amis avec... d'autres couples avec enfants ? On peut y voir une certaine logique dans la mesure où ils vont fréquenter les mêmes lieux, qu'il s'agisse de la salle d'attente du pédiatre, du jardin d'enfants ou de la sortie d'école. Les sujets de conversation communs pourront facilement être trouvés, les problèmes partagés. Au contraire, les célibataires et les couples sans enfants seront écartés, doucement mais sûrement, du paysage de ces familles. Par manque de centres d'intérêts communs, de disponibilités communes... Un de mes amis, célibataire sans enfant, m'a raconté avoir perdu le contact avec d'anciens amis au fur et à mesure que ceux-ci se sont mariés et surtout quand les enfants ont fait leur apparition. Quand il participait aux repas et sorties en groupe, il sentait vis-à-vis de lui une certaine gêne de la part de ces personnes, accaparées par les discussions sur les gamins, au quotidien rythmé par les besoins des marmots.

Dans certains cas, ce sont les personnes sans enfants qui s'éloigneront par choix, parce qu'elles en ont assez d'entendre parler de couches, de rots, de « areu » et autres conneries, pardon réjouissances ! Ayant invité chez moi un jeune couple avec qui je m'étais liée d'amitié à la fac, et qui venait d'avoir un bébé, je l'ai amèrement regretté. J'avais connu Christophe et Clara ensemble, mais sans enfant, en première année. En cinquième année, ils ont accueilli leur premier bébé. Suite à ma proposition de faire un repas à la maison, ils m'ont gentiment demandé s'ils pouvaient amener le bébé car ils n'avaient personne pour le garder. Je ne me voyais pas refuser et d'ailleurs, naïvement, je pensais que le bambin dormirait sagement dans son couffin pendant le déjeuner. Hélas !

À peine arrivés, ils ont dû faire trois allers-retours entre leur voiture et mon appartement (j'habitais alors un quatrième étage sans ascenseur) pour décharger tout le « strict nécessaire au bébé » ainsi que ledit bébé. Lit parapluie, jouet, chauffe-biberon, transat, couffin... L'appartement s'est rapidement transformé en une boutique d'accessoires de puériculture. Une fois tout le barda déposé, il a fallu attendre que le petit trésor ait fini son biberon pour envisager de déjeuner. Le début de l'apéritif a pris du retard car le rot traditionnel du bébé se faisait attendre. Enfin il fut couché... Pour mieux se réveiller dix minutes plus tard et commencer à brailler. Ce qu'il fit pendant le repas, après le repas, et jusqu'à seize heures, avec quelques interruptions cependant. Lorsqu'il se taisait, les parents, inquiets de cette sagesse soudaine, se relayaient pour aller vérifier que tout allait bien. Allez tenir une conversation dans ces conditions ! Ce fut la première et la dernière fois qu'ils venaient à la maison. Nous nous sommes perdus de vue peu à peu par la suite.

Pour moi ce fut une expérience de plus me confortant dans l'idée que les gosses ne sont pas ma tasse de thé. Pour une autre amie présente, ce fut une révélation : elle voulait un enfant elle aussi ! Elle passa d'ailleurs les trois-quarts de l'après-midi à gazouiller devant le bébé. Le contact avec les bébés peut avoir cet effet, notamment auprès de certaines femmes. C'est d'autant plus vrai si le couple sans enfant est ami depuis un certain temps avec d'autres couples qui décident de se reproduire. J'ai même entendu une femme dire à son conjoint « Tu te rends compte, machin et bidule ne sont ensemble que depuis deux ans et elle est enceinte... Nous ça fait quatre ans qu'on est en couple, on pourrait y penser quand même. » Monsieur a fait grise mine, il ne semblait pas convaincu par « l'argument ».

2/ L'enfant, symbole de réussite et compensation des frustrations

Vouloir être parent : à la recherche d'un statut ?

- Frustration socioprofessionnelle

Les études statistiques le prouvent, ce sont les personnes les moins diplômées qui font le plus d'enfants. Ainsi, en 2011, 11,3% des hommes et 14,3% des femmes non diplômé(e)s avaient 4 enfants ou plus, contre seulement 5,7% des hommes et 3,1% des femmes diplômées d'études supérieures (2^è et 3^è cycles universitaires)[4]. Sans entrer dans un stéréotype, on peut facilement envisager que les personnes non diplômées ont accès à des emplois moins intéressants, moins bien rémunérés ou choisis plus par nécessité que

---

[4] Source : Insee, enquête Famille et logements 2011.

par attrait profond. Face à ce qui peut devenir à une frustration, qu'elle soit financière, intellectuelle, sociale, la famille nombreuse ne serait-elle pas une forme de refuge ? Le statut de parent au foyer également. « Je suis père/mère de famille, de plusieurs enfants, j'ai donc accompli quelque chose dans ma vie. Je SUIS quelqu'un ».

Je préciserai ici que je ne remets certes pas en cause le « métier » de parent qui, à mon sens, est un vrai boulot, pas payé et peu reconnu encore aujourd'hui. Il ne s'agit pas d'en faire une catégorie secondaire, inférieure à un emploi professionnel, reléguant les pères et mères au foyer au rang de paresseux ou d'incapables (au contraire !), mais de s'interroger sur les motivations qui ont pu mener à la constitution de ce type de foyer. Un individu qui ne s'épanouit pas dans une activité professionnelle, activité occupant par essence une bonne partie de son temps, ou qui n'y trouve pas la reconnaissance et le statut espérés, va souvent chercher à combler le manque par d'autres biais. Devenir parent fait partie des moyens envisageables.

Demandez à quelqu'un que vous ne connaissez pas de se présenter à vous. Il y a de fortes chances pour qu'après le nom, le prénom, l'âge et éventuellement le métier, arrive le « Je suis la mère/le père de xx enfant(s) ». Bien sûr, les enfants font partie de ce dont un individu va parler rapidement, parce qu'ils font partie de sa vie, de son cercle le plus proche, mais ce n'est pas la seule raison à considérer. Je prends l'exemple de plusieurs collègues, clairement ennuyées par leur boulot actuel qui est répétitif, mal rémunéré et peu valorisé. Toutes mères de famille, de quoi parlent-elles à la pause ? Des enfants. Encore et encore. En allant jusque dans les détails les plus intimes (et les plus barbants... Je me fous de savoir que le petit Michel a un érythème fessier et que ça le fait pleurer quand on lui met de la crème !).

Deux personnes passionnées par leur travail, par un hobby, par une cause, vont très vite aborder ledit sujet entre elles. Chez des personnes dépourvues de ces centres d'intérêt, les enfants sont un bon moyen de trouver un sujet de conversion au quotidien. Alors, l'enfant serait-il parfois une solution pour combler un vide existentiel ? Pour permettre de s'intégrer à une conversation en se disant « Moi aussi j'ai ma place dans ce groupe, j'ai quelque chose à raconter, l'érythème fessier de Michel... » ? Probablement.

- Un statut socialement valorisé

Il est intéressant d'observer à quel point les parents adorent détailler les misères que leur font subir leurs bambins (maladies, bêtises, difficultés scolaires, etc) : c'est parfois un véritable concours à qui souffre le plus ! Chacun en rajoute, narre ses expériences qui sont toujours pires que celles du voisin. Bien souvent, d'ailleurs, le parent qui relate son quotidien n'écoute pas vraiment ce que l'autre raconte sur ses enfants, il n'attend que l'occasion de placer sa propre histoire qui prouvera combien ses propres rejetons sont beaux, malins, en avance... ou difficiles à vivre ! Oui, être parent donne un statut, parfois celui d'un héros, parfois celui d'une victime, souvent un mélange des deux. Mais, pour beaucoup, il permet d'être quelqu'un, voire carrément de se définir.

La société valorise largement le statut de parent, au point qu'un prix pour les familles nombreuses a été créé dans les années 1920 (Prix de la première Fondation Cognacq-Jay) et des récompenses similaires existent toujours aujourd'hui. L'idée de départ était de soutenir financièrement des familles défavorisées qui accueillaient une progéniture multiple (rappelons qu'à l'époque le contrôle des naissances n'était pas aussi aisé que maintenant et d'ailleurs le critère premier pour bénéficier de ce prix était d'avoir 9 enfants du même lit : pour ma part, même pour un million d'euros, je ne l'envisagerais pas...). De nos jours, avec quatre enfants, on bénéficie déjà de ces reconnaissances, accompagnées d'aides pécuniaires.

Dans un domaine moins « financier », on entendra régulièrement des personnes s'extasier devant une famille nombreuse, louer le courage des parents (quitte à oublier les aînés de la fratrie qui portent souvent eux aussi une grosse charge sur les épaules vis-à-vis de leurs frères et sœurs plus jeunes, alors qu'ils n'ont rien demandé). La venue d'un nouveau-né suscitera compliments et félicitations, y compris de la part de personnes n'ayant aucun lien avec la famille du nourrisson (amenez un bébé sur votre lieu de travail et observez la vitesse à laquelle un groupe d'admirateurs et surtout d'admiratrices se forme autour de la petite chose, c'est édifiant !). Le parent devient le centre de tous les regards, il intègre pour son compte les compliments sur le bébé, pour une fois il a « créé » un objet d'admiration qui mobilise toute l'attention, et qui, encore mieux, est une part de lui !

Le statut de parent est ambivalent : à la fois mal reconnu et déconsidéré quand on pense aux parents au foyer, qui assument multiples tâches et responsabilités dans une indifférence quasi-totale (bah oui, ils « ne travaillent pas » !), et survalorisé quand il s'agit du simple fait d'avoir « fait un gosse ». Combien de pères ou de mères n'hésitent pas à forcer le passage sur la chaussée en engageant leur poussette et son occupant quasiment devant votre pare-chocs, au mépris de toute prudence (on ne sait jamais dans quel état est la personne qui tient le volant du véhicule que l'on force ainsi à piler) ? Ce sont les mêmes qui passent devant vous, au besoin en vous bousculant, dans les allées des magasins, être parent leur donnant un sentiment de priorité, sans doute estiment-ils qu'il est normal que vous, sans enfant, vous effaciez... Certains poussent le vice jusqu'à imposer la présence de leur bébé au restaurant (alors que c'est l'heure de la sieste, pas étonnant que la petite chose hurle à pleins poumons !), ou dans des lieux publics aussi inadaptés, tels que cinémas, musées... J'ai vu une visite touristique se caler sur les horaires de biberon et de goûter de deux enfants en bas âge que les parents avaient traîné là. Bizarrement, je n'étais pas la seule à m'en agacer pour une fois...

- Quand l'enfant devient une bouée de sauvetage

Je ne parle pas ici du cas des parents qui, face à un accident de la vie, trouvent dans la présence de leur enfant et le souci de son bien-être, des ressources et une force inimaginables pour affronter les épreuves. Non, il s'agit du cas des personnes qui deviennent parents pour « se raccrocher à quelque chose ». On voit par exemple le cas de certaines adolescentes en situation plutôt précaire (dépendance financière à leur famille, études abandonnées ou non validées par un diplôme, petit ami trop jeune pour assumer son rôle de père...) qui tombent enceintes par choix. Je dis par choix car j'ai du mal à croire, avec la facilité actuelle d'accès aux moyens de contraception, l'information faite en milieu scolaire, l'anonymat possible pour une jeune fille qui demande à son infirmière scolaire ou au pharmacien la pilule du lendemain, que la plupart de ces grossesses ne soient pas sciemment recherchées !

Désir d'enfant précoce ? Pour certaines, peut-être. Pour d'autres, besoin d'être considérées comme adultes, ou d'avoir enfin « réussi » quelque chose (un bébé, c'est mieux qu'un vingt en maths et plus original !), de créer une famille à elles parce que leurs parents ne leur ont pas apporté une enfance heureuse, parfois de s'attacher, avec plus ou moins de succès (plutôt moins en général), leur petit ami. Devenir maman accorde à ces jeunes femmes un statut qu'elles ne trouvent pas ailleurs. De transparentes – parce que perdues dans une grande fratrie, délaissées par leur famille, dépourvues de dons particuliers aussi bien à l'école qu'en activités artistiques ou sportives...–, elles deviennent MÈRES.

L'enfant dans le rôle de la bouée de sauvetage apparaît dans bien d'autres cas, même si le précédent me semble assez emblématique : certains font un enfant pour se raccrocher à quelque chose dans une existence vide de sens, pour compenser échecs et déceptions... On a tous connu au moins un cas d'une femme ou d'un couple qui annonce attendre un enfant alors sa situation est franchement défavorable (financièrement, socialement, sentimentalement, professionnellement...). Tout en disant le traditionnel « félicitations », on ne peut s'empêcher de penser que ce n'était vraiment pas le moment adéquat et que ladite personne est en train de scier la branche sur laquelle elle est assise.

Si l'enfant devient une source d'espoir et permet à son/ses parent(s) de rebondir, de s'accrocher, pourquoi pas, ai-je envie de penser. Mais s'il ne s'agit que de mettre un nouveau-né dans la même mouise que ses géniteurs... Choix égoïste ? Ultime tentative de trouver une raison de se battre avant de commettre l'irréparable ou de plonger dans une dépendance ?

Pourquoi ce choix de faire un enfant dans un moment si peu propice ? C'est là que la société porte une responsabilité : si le statut de parent n'était pas devenu aujourd'hui presque une fin en soi, une source de respect automatique et accessoirement une source de revenus et d'aides en tous genres, peut-être certain(e)s y réfléchiraient à deux fois avant « d'oublier » leur pilule ou de faire l'impasse sur le préservatif.

L'enfant est souvent le réceptacle des attentes des parents

- Projeter ses propres échecs et désirs sur l'enfant : un comportement répandu...

L'enfant n'est pas seulement un moyen pour les parents de compenser leurs frustrations de par sa simple venue au monde. Une fois là, le petit être va devenir le réceptacle des désirs inassouvis ou inavoués des parents. La grande majorité des parents vont se montrer fiers, dans un premier temps, d'avoir simplement un enfant. On n'attend pas grand-chose d'un bébé d'un mois qui passe le plus clair de son temps à chouiner, biberonner, se soulager et dormir. S'il fait ses nuits au bout d'un mois, il est déjà considéré comme la huitième merveille du monde (en même temps, de la part de parents épuisés, cela peut se comprendre).

Mais dès les premiers mois de vie du bambin, on fait déjà des projections sur ce que sera son futur. Cela peut paraître ridicule, mais j'ai été témoin de déclarations de mères qui réfléchissaient au choix de la meilleure grande école pour leur gamin, alors qu'il ne tenait pas encore debout. Soit, l'amour (parental en l'occurrence) rend idiot, mais c'est un peu prématuré, non ? L'inscription en classe préparatoire n'est pas possible lorsque l'heureux candidat n'a que deux ans, alors prenez patience, chers parents ambitieux !

Pourquoi autant de parents voient en leur enfant un génie du XXIè siècle ? Ou en font le futur Renoir parce qu'il a barbouillé une feuille A4 de bleu et jaune, étalés pour partie au pinceau, pour partie avec les doigts ? D'une part, parce que le statut parental dont j'ai parlé précédemment implique d'avoir toujours des éléments relatifs à son gamin à mettre en avant en société, d'autre part, parce que l'enfant, en tant que « petit nous » représente un espoir d'accomplir ce que nous avons laissé de côté, de réussir là où nous avons échoué. Il est toujours plus valorisant de mettre en avant les « talents » relatifs de sa progéniture que d'avouer ses retards. Même si cette tendance peut conduire à de véritables concours d'idioties entre parents qui veulent à tout prix démontrer que leur enfant est « plus que… » : plus éveillé, plus malin, plus drôle…

À travers leur enfant, beaucoup d'adultes voient une continuité de leur propre existence. Une seconde chance même. « Je ne veux pas que tu fasses les mêmes erreurs que moi », entend-t-on parfois. Sauf qu'un autre individu, à un autre moment, ne pourra pas faire les MÊMES erreurs. Elles seront peut-être semblables par certains aspects, mais jamais identiques. Et l'enfant ne peut faire sienne l'expérience de ses parents, il lui revient de construire son propre vécu.

- ...pouvant aller jusqu'à la déification de l'enfant...

Certains parents, en admiration devant le fruit de leur union, en arrivent à mettre leur rejeton sur un piédestal, allant jusqu'à justifier chacun de ses actes, rire à chacune de ses bêtises, passer chacun de ses caprices. Aux yeux de ces adultes, l'enfant, leur enfant, aura toujours raison face à un camarade de classe, voire face à la maîtresse d'école ou à un autre adulte (parfois même face à l'autre parent). Exagéré, pensez-vous ? N'avez-vous pas entendu parler des enfants-rois ? Ces gamins qui ne connaissent aucune limite imposée par les parents et deviennent vite les chefs à la maison ?

Quelques émissions télévisées en font leurs choux gras, mettant en scène des familles dépassées par un tyran de 6 ou de 16 ans et réduites à faire appel à une nounou ou à un éducateur. Cela peut faire rire ou paraître outrancier quand on est installé sur son canapé. Mais il suffit d'observer le nombre d'enfants qui courent dans les rayons des grandes surfaces, touchant à tout, se roulant par terre pour obtenir un jouet, avec pour toute réponse parentale une placidité conférant au laxisme, pour comprendre que, dans la vraie vie aussi, certains mômes grandissent en dehors de tout contrôle. Et malheur à l'employé ou au client qui s'avisera de faire une remontrance au petit monstre : les parents, bien souvent, prendront fait et cause pour leur rejeton, allant jusqu'à se montrer désagréables ou injurieux vis-à-vis de l'autre adulte, pour la plus grande joie du petit prince (ou de la princesse), ravi(e) de se voir donner raison par papa ou maman face à « une grande personne ».

L'enfant perçoit très vite quand, pour son papa ou sa maman, il est spécial, au-dessus des autres, bénéficiaire d'un traitement de faveur. J'ai entendu une collègue raconter qu'elle avait ri aux larmes quand sa fille – enfant unique de trois ans dont la venue tardive était inespérée – était arrivée au jardin d'enfants et avait tapé les autres petits pour s'approprier les jouets (« elle a du caractère, au moins elle sait ce qu'elle veut ma princesse », gloussait la mère en relatant les faits). Anecdote éclairante, d'une part sur la prétendue innocence des enfants, d'autre part sur l'aveuglement d'une mère qui ne voit aucun danger à laisser sa fille user de comportements violents et dominateurs en société, tout simplement parce qu'à la maison elle n'a jamais appris à partager ou à patienter.

L'enfant va se définir rapidement en fonction de l'image que ses parents lui renvoient. On lui fait croire qu'il est la huitième merveille du monde ? Alors il se prendra pour le roi de l'univers. Jusqu'au jour où il comprendra qu'en dehors de chez lui, il est un parmi des milliards, avec ses spécificités, soit, mais ni meilleur ni pire qu'un autre, devant faire ses preuves comme tout un chacun, s'adapter à la vie en société, sous peine de subir sanctions ou mises à l'écart. Certains enfants ne s'y résolvent pas en grandissant et se complaisent toute leur vie dans un sentiment de supériorité, parfois jusqu'à la tyrannie ou au narcissisme, faisant de l'existence de leurs collègues, subalternes ou conjoints un enfer.

- **... ou installer une pression qui orientera sa vie**

Dans le cas de l'enfant dont les parents ont deviné (ou imaginé) de grandes capacités dans divers domaines, et pour lequel ils ont formé, dès son plus jeune âge, d'ambitieux projets d'avenir – avec l'idée que leur gamin est intelligent, doué, et qu'il accédera naturellement à une brillante situation par exemple –, sa position n'est guère plus confortable que celle de l'enfant-roi. Tout simplement parce qu'on arrive ici au problème du parent qui a adopté une certaine image, idéalisée, de son enfant et qui doit se confronter à la réalité. La réalité, c'est-à-dire parfois simplement le fait que l'enfant voit les choses différemment en grandissant...

Même s'il est courant d'entendre des parents clamer haut et fort que « leur enfant fera ce qu'il voudra comme métier, l'important étant qu'il soit heureux », il est rare (mais pas impossible) de voir un cadre supérieur se réjouir de voir sa fille devenir jongleuse de rue, ou un père militaire approuver sans réserve son fils qui lui annonce qu'il veut entrer dans un corps de ballet. L'enfant, c'est à la fois l'image de la famille et le prolongement du parent. Quels risques à projeter ses rêves, ses espoirs, sur son enfant, direz-vous ? N'est-ce pas dans l'idée de le voir réussir dans la vie ? Est-ce si mal de vouloir le meilleur pour son fils ou sa fille et d'être prêt à mettre les moyens nécessaires (qu'ils soient financiers, humains, logistiques... selon les possibilités des familles) ?

Il ne faut pas oublier que les motivations sont rarement purement désintéressées et reflètent bien souvent les rêves des parents, et que le « meilleur » aux yeux d'un parent n'est pas forcément ce qui rendra l'enfant heureux et épanoui dans sa vie. Une de mes amies, appelons-la Liliane, a suivi le chemin tracé pour elle par son père, cadre dirigeant dans une grosse entreprise : passionnée de musique et de dessin, elle a dû abandonner ces activités qui sont « des conneries » aux yeux de son père et étudier la comptabilité (domaine qui l'ennuie profondément). Elle a néanmoins décroché des diplômes et commencé un emploi dans ce secteur, très bien rémunéré, avec des perspectives d'évolution, mais qui ne la satisfait absolument pas. Son père en a été ravi : pour lui sa fille avait réussi. Après une sévère dépression, Liliane a finalement démissionné et s'engage à présent dans une reconversion professionnelle. Son père est décédé récemment. Quelques semaines après seulement sa mort, Liliane a repris la musique. Elle se sent mieux. Il a fallu que son père décède pour que Liliane s'autorise à écouter son cœur...Et que ce serait-il passé si ce monsieur avec vécu encore des décennies ? Jusqu'où aurait-elle fait semblant pour lui faire plaisir, pour éviter de le décevoir ? Jusqu'à passer à côté de sa vie à elle ? Ou jusqu'au jour où le ressentiment aurait éclaté, peut-être jusqu'à briser les liens entre père et fille ?

La pression parentale n'est pas toujours apparente, elle peut se manifester de manière bien plus insidieuse, parfois sans mauvaise intention de la part des parents. Déçus, ils ne pourront s'empêcher de glisser remarques et allusions faisant comprendre à l'enfant qu'il ne fait pas ce qu'ils attendaient. Quoi de pire pour un enfant, surtout jeune, de sentir qu'il n'est pas celui que ses parents attendaient ? L'enfant pourra alors étouffer de lui-même ses véritables penchants, simplement pour sentir que ses parents sont fiers de lui. C'est vrai dans le domaine scolaire, professionnel, mais aussi sur des sujets plus intimes tels que l'orientation sexuelle : combien de jeunes tremblent à l'idée d'avouer leur homosexualité à leurs parents car ils redoutent la frilosité, voire le rejet de ceux-ci ? Au point parfois de simuler une hétérosexualité qui n'est pas dans leur nature, en ramenant des copains/copines à la maison, en « faisant semblant » pendant des années (parfois toute une vie...), bref, en niant leur identité profonde avec l'insatisfaction de savoir qu'ils ne sont acceptés que parce qu'ils enfilent le costume d'un autre.

Quand l'enfant n'est pas celui que l'on espérait

- Face à la maladie ou au handicap : le désarroi

Je vois encore une collègue parler avec une condescendance finie de la fillette handicapée mentale de sa voisine : « La pauvre femme, ça doit être terrible d'avoir une enfant qui, à huit ans, ne sait toujours pas parler. Et elle doit s'inquiéter pour son devenir, bien sûr. » Compassion ? Pas sûr, car dans la phrase suivante ladite collègue enchaînait sur les performances remarquables de sa propre fille, si en avance pour son âge parce qu'elle finissait seule un puzzle indiqué « à partir de 6 ans » alors qu'elle n'en avait que quatre (une future Marie Curie, c'est sûr !).

On ne choisit pas d'avoir un enfant malade ou handicapé. Pire, bien souvent les parents n'ont aucune responsabilité dans cet état de fait. Avoir un enfant atteint d'un trouble physique ou psychique n'est pas réservé aux alcooliques, consanguins et autres « débauchés qui l'ont un peu cherché ». Cela peut vous tomber dessus, à vous aussi, avec votre génome parfait et votre hygiène de vie irréprochable, et il faudra y faire face.

Y faire face, dans ce cas, cela signifie abandonner certains projets que vous aviez formés pour votre famille, réorganiser la vie du foyer et des frères et sœurs aînés s'il y en a, vivre avec la culpabilité, même injustifiée, de savoir que c'est vous qui avez amené cet être à la vie et que, peut-être, il aurait préféré ne pas être là dans ces conditions. Vous connaîtrez l'inquiétude omniprésente de savoir qui prendra soin de lui quand vous, les parents, ne serez plus de ce monde. Vous éprouverez de la colère en le voyant évoluer dans un monde bien trop souvent hostile aux personnes « différentes », où la cruauté de ceux qui s'estiment supérieurs s'abat sur les plus fragiles.

Certains parents d'enfants malades ou handicapés disent avoir dû « faire le deuil » de l'enfant tel qu'ils l'avaient imaginé, avant de pouvoir pleinement accepter et aimer l'enfant tel qu'il est venu au monde : le terme est assez fort pour que l'on comprenne la violence de la situation. Il ne remet pas en question l'amour que les parents porteront à leur enfant « différent », mais cet amour n'efface pas la réalité de la situation et les embûches qui vont se dresser tout au long de l'existence, non seulement de cet enfant, mais aussi de celle de ses proches. Certains frères et sœurs de l'enfant malade peuvent se sentir délaissés, relégués au second plan, face à celui ou celle qui mobilise tellement d'attention de la part des parents. Paradoxalement, ils auront l'impression d'être moins aimés, voire plus à plaindre que l'enfant malade ou handicapé qui leur « vole » le temps et l'énergie que les parents auraient pu leur consacrer plus équitablement si toute la fratrie avait été bien portante.

Pour terminer à propos de la collègue dont j'ai décrit le comportement condescendant plus haut, je ne pense pas que cette personne soit particulièrement « méchante », bien des parents d'enfants en bonne santé et au développement normal ont déjà eu cette pensée en croisant un enfant handicapé « Pauvres parents ! Quel malheur... ». C'est une réaction humaine, mais qui ne doit pas empêcher les parents d'enfants « qui vont bien » de prendre conscience que seule la (mal)chance a fait la différence entre eux et les parents d'enfants handicapés.

- L'enfant qui fait des choix qui dérangent

Bien des enfants font des choix qui surprennent, voire fâchent leurs parents. Tant mieux, ai-je envie de dire, cela signifie qu'ils restent maîtres de leur vie (à moins qu'ils ne fassent ces choix exprès pour contrarier les parents, ce qui révèle alors un certain manque de maturité). Un enfant qui ne répond pas aux attentes de ses parents – surtout si celles-ci sont élevées et précises – les déçoit et les blesse plus ou moins profondément. Si l'enfant n'est pas responsable de cet état de fait (problème de santé par exemple), il paraît difficile de le lui reprocher.

Mais dès qu'il s'agit d'une décision relevant d'une décision personnelle de l'enfant (orientation professionnelle, choix du conjoint...), la situation est tout autre. Nombreux sont les parents qui reprochent à leur enfant un dégoût pour les maths ou un choix de filière peu ambitieux pour ses études. Parce que l'enfant aurait pu faire un autre choix (des études plus prestigieuses par exemple ou un conjoint plaisant davantage à la famille), on va lui faire sentir, plus ou moins clairement, qu'il n'a pas été à la hauteur de ce qu'on attendait de lui. « Tu as des capacités intellectuelles, pourquoi choisir un métier manuel ? » ai-je entendu dans la bouche du père d'un ami alors que j'étais collégienne, au moment des orientations pour le lycée. Comme si les personnes exerçant un métier manuel ne l'avaient choisi que par dépit, parce qu'elles étaient trop « bêtes » pour faire autre chose !

Il est difficile d'assumer devant le reste de la famille, les amis, les proches et moins proches, un choix ou un goût atypique de l'enfant. Difficile aussi d'assumer que sa merveille n'a pas « réussi » selon des critères socialement reconnus, surtout si l'enfant présentait toutes les capacités nécessaires à cette « réussite » au départ ! Quel gâchis, va-t-on penser, sans oser le dire par des mots mais en l'exprimant de bien d'autres manières, lors de réunions de famille, ou de discussions entre parents.

Les parents dont les enfants rencontrent de vraies difficultés (d'intégration sociale, de scolarité ou autre) subissent regards compatissants et remarques condescendantes. Au fond, ils ont bien dû « rater » quelque chose pour que leur enfant soit ainsi, non ? Leur image de bon parent, de bon modèle, en prend un sacré coup. Il en va de même pour l'orientation sexuelle : « Qu'est-ce que j'ai mal fait ? » est une question que se posent bien des parents confrontés à l'homosexualité de leur descendance, comme s'il s'agissait d'une erreur de parcours. Parce que cela n'entrait pas dans les projets d'avenir qu'ils avaient formés pour leur enfant, parce qu'ils « ne l'imaginaient pas comme ça », parce qu'ils se rêvaient déjà grands-parents... Dans des cas extrêmes, certains parents vont jusqu'à renier leur enfant en raison de ses choix de vie, le mettre à la porte, couper les ponts avec lui, bref, le traiter comme un criminel (encore que les parents de criminels soutiennent parfois leurs rejetons envers et contre tout).

Concernant ces enfants qui vont « se rebeller », refuser de suivre le chemin tracé pour eux, d'agir dans la continuité de la tradition familiale, quitte à provoquer une rupture avec leur famille, à être rejetés ou taxés d'ingratitude (la fameuse formule « nous qui avons tant fait pour toi... »), rappelons tout de même que ce sont les parents qui ont choisi d'avoir un enfant, celui-ci n'a pas demandé à venir au monde. Nous en revenons toujours à cette projection idéalisée du désir des parents sur ce que devra être l'enfant. Qu'attendaient-ils, en réalité ? Un être dénué de volonté propre, de personnalité, d'individualité, qui ne serait là que pour réaliser les rêves de papa et maman, les valoriser en tant qu'éducateurs, et plus tard faire d'eux des grands-parents ?

- L'éducation n'est pas la cause de (ni la solution à) tout !

Une autre idée reçue est celle liée à l'éducation, qui serait l'explication de tout. C'est rassurant quelque part, un enfant « bien élevé » donnera satisfaction et ne posera pas de problèmes. Ce n'est pourtant pas si simple. Une de mes collègues a trois enfants, qu'elle a élevés ensemble et de la même manière. Les deux aînés font des études, sont engagés dans des relations sociales et amoureuses. Le troisième est déscolarisé, violent, il bascule peu à peu dans la délinquance. Non, l'éducation n'explique pas tout. Ni l'environnement familial. Une famille tolérante et ouverte d'esprit peut donner le jour à un enfant qui sera raciste plus tard, cela existe, même s'il est évident que donner certaines valeurs à travers l'éducation ne nuit pas. Voyons le bon côté des choses, inutile de culpabiliser à mort si votre rejeton, malgré qu'il soit l'enfant d'un boucher et d'une charcutière, se convertit au véganisme ! Certains enfants construiront même leur identité par opposition aux parents, rejetant systématiquement le modèle parental et choisissant délibérément des options différentes, voire opposées. Pas très malin peut-être. Une manière de finalement se faire influencer par ses parents (tout en clamant haut et fort le contraire) en tout cas.

Vous pouvez emmener votre enfant dans des sorties culturelles, lui faire apprendre trois langues étrangères, lui acheter de la littérature classique, l'emmener à des meetings politiques ou des offices religieux, et espérer qu'il deviendra un « intellectuel » ou un « militant », puis découvrir un triste jour que la seule chose qui le passionne ce sont les jeux vidéo ou le dessin de rue, qu'il est athée ou anarchiste. Est-ce si mal ? Est-ce si grave ? Il n'a pas de goût pour les musées, il ne vote pas comme vous, il ne croit pas dans la divinité que vous vénérez, et alors ?

Imaginons un cas concret : le prof principal de votre enfant vous annonce, lors d'une réunion d'orientation, qu'il n'a pas le niveau pour suivre une classe prépa... Vous qui aviez tout planifié, économisé, orchestré... Vous tombez de votre chaise. Et pourtant, qui vous dit que votre enfant, actuellement un ado en train de mâcher du chewing-gum, casquette vissée sur le crâne, avec le regard lassé de celui qui vient de gravir une montagne (pensez, il a dû se lever à huit heures ce matin !) ne réussira pas à se bâtir une vie à laquelle il trouvera un sens ? Il n'est pas bon en maths, d'accord. Pas terrible en français non plus. Par contre, il excelle en sport où il présente un très bon esprit d'équipe, et son prof de dessin déclare qu'il est assidu et attentif pendant son cours. N'y a-t-il pas là une piste de réflexion ? Être un « premier de la classe » n'a jamais garanti le bonheur, ni même la réussite professionnelle (il y a un monde entre le milieu du travail et ce qu'on nous enseigne à l'école française). D'autres atouts sont là, peut-être moins valorisés dans notre société actuelle qui ne jure que par les notes et les matières « classiques » au détriment de bien des talents. Vous avez fait de votre mieux, c'est bien. Le résultat n'est pas celui que vous espériez, soit. Mais le tableau est-il pour autant si noir ?

Croire que l'enfant qui vient de naître est une sorte de pâte à modeler dont on pourra faire plus ou moins ce que l'on veut – avec les meilleures intentions du monde, bien entendu, telle cette collègue qui tient absolument à inscrire sa fille à l'équitation parce que « ses cousines en font aussi et il est hors de question que la petite soit en reste par rapport à elles », le fait que la fillette n'éprouve aucune attirance pour les chevaux est secondaire –, c'est s'engager sur un chemin qui réserve bien des déceptions et des souffrances, à la fois pour les parents et les enfants.

3/ L'enfant vous abîme physiquement et moralement

Les joies de la grossesse et de l'accouchement

- Le mythe de la « beauté » d'une femme enceinte

J'ai toujours été surprise, dans notre société qui accorde une telle importance à l'apparence, notamment pour la gent féminine (oui, là aussi, les critères sont plus radicaux pour vous, Mesdames, sexisme oblige, la femme se doit d'être belle), que l'on fasse une telle distinction entre une femme enceinte et une personne, disons le mot, grosse. On se moque volontiers des « gros ». Pas toujours en face, bien entendu (être méchant n'exclut pas d'être également lâche), mais par des regards, des chuchotements, des blagues douteuses.

Pourtant, il ne viendrait à l'idée de personne (sauf quelques tordues dans mon genre, sans doute) de critiquer le physique d'une femme enceinte. Il paraît même qu'une femme enceinte, « c'est beau » ! Pardon, mais arrêtons là le politiquement correct. La beauté est définie par des critères très variables, qui changent selon les époques, les cultures, les milieux... Les rondeurs ont été encensées à certaines périodes, on en voit la preuve dans l'art. Mais la société occidentale actuelle valorise bien davantage la minceur (voire la maigreur), qu'elle érige comme un modèle esthétique.

Alors expliquez-moi comment et pourquoi, alors que, disons, trois personnes sur quatre, vont échanger des regards de condescendance ou des moqueries à voix basse au sujet d'une personne « grosse », ces mêmes personnes n'émettront aucune critique sur la morphologie d'une femme enceinte ? Parce que la grossesse est « un passage obligé » ? Pas aujourd'hui, non, c'est un choix. Parce que, pour mettre au monde un petit humain de plus qui s'ajoutera aux sept milliards et des poussières déjà présents, il faut « en passer par là » ? OK. Et qui vous dit que la personne « grosse » a fait le choix (le vrai choix, pour le coup) de sa morphologie ? Pour elle, c'est peut-être un vrai « passage obligé », passage qui peut durer toute une vie, pour des raisons médicales, génétiques, ou autres.

Pourquoi alors cette inégalité de traitement ? En toute objectivité, une femme enceinte, très enceinte, ça ressemble à quoi ? Non pas à une jolie silhouette potelée, avec des rondeurs bien réparties et harmonieuses, comme certaines « rondes »… C'est juste une femme, parfois menue, précédée d'un gros ventre qui l'oblige à se tenir les épaules en arrière pour ne pas se casser la gueule en avant ! Le summum de l'élégance comme posture… Qu'on le voie comme un passage obligé, soit. Comme une abnégation de la part de la femme, j'entends. Comme un miracle du phénomène permettant à ce qui n'est au départ qu'une association entre un spermatozoïde et un ovule, après neuf mois bien au chaud dans le ventre maternel, de devenir un nouvel être humain : je peux comprendre cette vision de la chose. Mais par pitié, arrêtez de dire qu'une femme enceinte, visuellement, c'est « beau » !!!

- Désagréments courants de la grossesse et problèmes plus graves

Voyons à présent la grossesse « de l'intérieur », c'est-à-dire du point de vue de la future mère. Parce que, il faut le lui reconnaître, pour parler crûment, elle en chie !! Je ne pourrai pas dresser une liste exhaustive des maux liés à la grossesse, je me limiterai donc à en citer quelques uns. La prise de poids (poids qu'il faudra perdre ensuite), les nausées (non, pas matinales uniquement, ça c'est l'appellation mensongère, en réalité vous pouvez dégueuler du matin au soir), les vergetures sur votre peau, soigneusement entretenue jusque-là mais qui ne supporte pas d'être étirée comme un élastique…

Bien entendu, il y a aussi les sautes d'humeur, qui feront souffrir votre entourage (j'en sais quelque chose, ayant connu bon nombre de collègues en cloque ces dernières années, elles deviennent toutes, à un moment ou un autre, insupportables). Parlons aussi des envies de nourriture intempestives, voire obsessionnelles. Ah oui, puisqu'on parle de ça : sachez que vous ne pourrez pas toutes les satisfaire, certains aliments sont interdits aux femmes enceintes (la viande crue et la charcuterie par exemple, en raison du risque de toxoplasmose), de même que certaines boissons. Si vous « programmez » votre grossesse, essayez donc d'éviter qu'elle ne s'étale sur les fêtes de fin d'année, une coupe de champagne, c'est quand même bien agréable. Être « Sam[5]» un soir, c'est une expérience. Être « Sam » pendant neuf mois, c'est autre chose...

Il paraît même qu'il y a un côté sur lequel il faut dormir quand on a un polichinelle dans le tiroir (le côté gauche car cela favorise la circulation placentaire). Vous imaginez ? Bébé n'est pas encore là et déjà le petit tyran ne vous laisse plus pioncer dans la position que vous voulez !

Continuons les réjouissances, là je n'ai évoqué que les « petits bobos » sans gravité. Une grossesse peut provoquer d'autres complications largement plus sérieuses. Allez, rien qu'en puisant dans ce qui s'est passé dans mon entourage, je peux citer : le diabète

---

[3]Celui qui ne boit pas lors d'une soirée pour reconduire les autres ensuite.

gestationnel (faire un tour dans une encyclopédie médicale, vous allez voir, c'est pas sympa du tout), les décollements du placenta, la dilatation précoce du col de l'utérus (replongez donc dans le dico)... Des complications qui vous contraindront à rester alitée pendant des semaines et/ou à adapter encore plus votre alimentation déjà restreinte, peut-être même à subir un accouchement prématuré.

Il y a aussi cette charmante incompatibilité sanguine entre les rhésus du père et de la mère (franchement, avant de coucher sans protection, les filles, demandez à votre mec son groupe sanguin !), qui contraint à des traitements spécifiques car les anticorps de la mère s'attaquent alors au fœtus (comme quoi, dire que « la nature est bien faite », c'est vraiment une phrase à la con).

Je n'évoquerai pas ici en détail les malformations plus ou moins graves du fœtus, les maladies incurables et handicaps lourds poussant parfois à devoir faire le choix de l'avortement ; sans oublier les fausses couches, qui concerneraient 10 à 20% des grossesses.

- La torture de l'accouchement

Allez, vous avez traversé tout ça, en évitant les pires écueils (par chance, parce qu'avoir un bébé atteint d'une maladie grave, ça peut tomber sur n'importe qui), bonne nouvelle, vos neuf mois arrivent à leur terme ; maintenant vous allez pouvoir accoucher !

Je ne détaillerai pas le processus ici, les films et reportages le font parfaitement et si vous voulez du vécu, demandez à vos amies et collègues, les femmes adorent littéralement narrer, avec force détails intimes voire répugnants, leurs accouchements. Pour ma part, quand le sujet est abordé, je quitte la pièce. Mais parce que vous avez le courage d'être arrivé jusqu'ici dans votre lecture, je vous donne quelques éléments : l'accouchement est souvent « la pire douleur » qu'une femme est vécue. Mmhhh... Toujours là ? « J'ai eu l'impression qu'on m'ouvrait en deux », se vantait Elena, une amie. Cool...

Vous pensez que le moment sera vite terminé ? Sachez qu'un accouchement prend des heures (13 en moyenne pour un premier enfant). Pas grave, il y aura une équipe médicale attentionnée, vous dites-vous, et puis, il existe cette miraculeuse péridurale... Je vais être vache : je ne connais que quelques cas de péridurale qui aient bien fonctionné parmi mon entourage de mères de familles. Le processus peut être trop avancé pour que l'on vous pose une péridurale. Vous pouvez ne pas y être éligible pour raison médicale. Et surtout, parfois, ça ne marche pas (ou pas bien) ! Une anesthésie partielle par exemple, ladite Elena, citée plus haut, l'a expérimentée : la péridurale n'a fait effet que sur son côté droit pour son deuxième accouchement. Le bonheur. Elle a tellement supplié qu'on lui a donné du gaz hilarant : une expérience à vivre (ou pas). Je ne reviendrai pas sur les femmes qui font délibérément le choix d'accoucher sans anesthésie, là ça me dépasse (d'accord l'anesthésie ne fonctionne pas à tous les coups, mais de là à ne pas essayer... ??).

Avant de clore cette partie peu ragoûtante, il faut rappeler que des complications sont toujours possibles (hémorragie, embolie, entre autres) et que le risque de décès lors de l'accouchement, même s'il a énormément diminué avec les progrès en matière de médecin et de prophylaxie, existe toujours : un rapport d'octobre 2013 de l'Institut de Veille sanitaire, de l'Inserm (Institut national de la santé et de la recherche médicale) et du Comité national d'experts sur la mortalité maternelle, qui ont étudié les cas de morts maternelles sur la période 2007-2009, révèle que 85 femmes meurent chaque année en France pendant ou suite à leur accouchement.

Enfin, il est utile de savoir que, sans aller jusqu'au décès, cet épisode traumatisant pour votre corps peut laisser des traces à vie. La femme d'un de mes amis souffre de graves problèmes à la vessie depuis la naissance de son fils, elle est quasiment incontinente (à trente ans !). N'oublions pas non plus les violences obstétricales, enfin étalées au grand jour, allant parfois jusqu'à des mutilations (j'assume le terme) qui ont bousillé la vie sexuelle, affective, et l'existence tout court de tant de femmes qui avaient remis en toute confiance leur santé et celle du bébé entre les mains de membres peu scrupuleux du corps médical.

Bébé est un vampire qui vous suce énergie et temps

- Les premiers mois de bébé vous épuisent

Une fois le petit trésor venu au monde, le calvaire parental ne fait que débuter. Bonne nouvelle, les filles, si jusqu'ici vous avez été à peu près les seules à morfler, votre homme va connaître à son tour des heures difficiles. Quand bébé braille, il réveille tout le monde (sauf si Monsieur a la bonne idée de mettre des bouchons d'oreille, estimant que c'est à la mère de s'occuper des nuits de bébé... J'espère, Madame, que vous ne vous laisserez pas faire ?!).

Certains bébés sont sages, d'autres moins. Comme à la loterie, vous ne savez pas d'avance sur quoi vous allez tomber. Peut-être, au bout de trois mois, le chérubin vous laissera-t-il faire des nuits complètes. Peut-être, au bout de trois ans, sera-t-il toujours sujet aux réveils intempestifs, cauchemars et terreurs nocturnes, énurésie (le joli mot pour le pipi au lit), bref, il aura alors bousillé définitivement votre qualité de sommeil. Une seule certitude : les premiers mois de bébé tourneront autour des changements de couches, des biberons et des pleurs intempestifs.

À votre avis, pourquoi le congé maternité en France est-il de 16 semaines (pour une grossesse simple du premier ou du deuxième enfant) ? Ce n'est pas par philanthropie, c'est le minimum pour être de nouveau en état de servir à quelque chose en entreprise. Toutes les collègues que j'ai vues revenir de leur congé maternité avaient des cernes profondes, des cheveux ternes, une tronche de déterrée et avaient vieilli de cinq ans au bas mot en l'espace de quatre mois. Même si une partie de ces effets peut s'estomper avec le temps, si vous les multipliez par le nombre de gamins produits, on arrive rapidement à une explication très simple du phénomène selon lequel « les femmes vieillissent moins bien que les hommes physiquement ».

Avez-vous remarqué l'élément révélateur qu'est la longueur de la chevelure d'une femme aux différentes étapes de sa vie ? Parmi les femmes de mon entourage, la grande majorité des jeunes portent les cheveux longs, voire très longs. Elles les chouchoutent, les soignent, les arborent avec fierté. Observez ce qui se passe quand le premier enfant arrive (parfois certaines femmes résistent jusqu'au deuxième) : la longueur de la chevelure se réduit, la femme se fait couper les cheveux. Soit parce qu'ils sont ternes, fourchus, moches (à cause de carences liées à la grossesse, oui, le fœtus fonctionne comme un ténia et consomme allègrement les ressources maternelles jusqu'à provoquer des manques ; ou à cause de la fatigue suite aux premiers mois de bébé qui provoquent eux aussi un épuisement du corps), soit parce que la femme n'a plus le temps de s'en occuper (bébé prend tout le temps disponible), soit simplement parce que son intérêt pour son apparence a décru drastiquement.

- Vous n'avez plus de temps pour vous

Je m'aperçois que j'ai un peu tenu les papas à l'écart jusqu'ici... Ne croyez pas, Messieurs, que vous serez épargnés ! À moins que vous n'ayez fui toute responsabilité parentale à l'annonce de la grossesse et soyez parti en Terre Adélie (dans ce cas, n'était-il pas plus simple d'éviter de faire un gosse ??), vous aurez votre part de galère dès la venue au monde de l'enfant (et c'est normal après tout, un gamin se fait à deux, s'élève à deux, s'assume à deux... Pas d'accord ? Pas prêt pour la paternité alors). Le manque de sommeil a déjà été évoqué, mais il y a aussi le manque de temps, parce qu'un bébé ça demande de l'attention quasiment vingt-quatre heures sur vingt-quatre.

Du temps pour faire du sport ? Compliqué. Pour voir des amis ? Difficile, cela demande une bonne organisation. Pour cuisiner des repas équilibrés, à partir d'éléments frais comme aiment à le répéter les nutritionnistes ? Ouh là, vous rêvez !

À moins que l'un des deux parents ne prenne un congé ou n'ait aucune activité professionnelle, votre rythme de vie va ressembler à un marathon. Il faudra courir pour déposer le petit chez la nounou. Courir pour être à l'heure au travail. Courir pour aller faire les courses sur la pause déjeuner. Courir le soir pour récupérer le petit. Courir pour rentrer à la maison parce qu'il ne faut pas le coucher trop tard. Courir pour préparer un dîner mangé sur le pouce après une préparation expresse (si on consacre du temps aux repas, c'est à ceux de bébé). Ah, j'ai oublié de caser les tâches ménagères dans ce petit programme.

Rappelons que ce rythme infernal va se maintenir un petit bout de temps, avec des nuits potentiellement hachées. Et bébé ne connaît pas la grasse matinée du week-end, alors si vous comptiez sur les samedis et dimanches pour récupérer... Oups ! Ce rythme accéléré a nécessairement des conséquences sur la santé : prise de poids (plus le temps pour le sport, malbouffe, manque de sommeil...), maux de dos (eh oui, il faut porter bébé qui ne marchera pas tout de suite mais gagne en masse chaque semaine : à 8 mois, un bébé pèse en moyenne de 7 à 10 kilos, pour rappel, 9 kilos c'est le poids d'un pack de six bouteilles de 1,5L, celles qui vous font râler quand vous les sortez du caddie et que vous balancez dans le coffre de la voiture sans aucune douceur), et puis il y a aussi les accessoires de bébé à emporter partout tels que la poussette, le lit parapluie, etc., et le stress intensif.

Comment ne pas stresser avec des journées pareilles ? D'autant plus qu'il faut compter avec l'anxiété au sujet des problèmes de santé (bénins ou plus graves) qui touchent tous les petits.

- Prendre un congé dédié à bébé : une fausse bonne idée ?

J'ai évoqué plus haut la possibilité, parfois, pour l'un des parents, de cesser son activité professionnelle pendant les premiers mois ou les premières années de l'enfant. C'est sûr, retirer 7 ou 8 heures de travail en entreprise, plus le temps de transport, de ce programme de folie, cela libère du temps. Vous perdrez un peu d'argent mais, avec les allocations, vous vous en sortirez peut-être en faisant attention. Le temps libéré sera consacré, quasi-exclusivement, à l'enfant et à ses besoins (ce qu'aurait fait la nounou si vous aviez choisi ce mode de garde), ainsi qu'à la gestion du foyer car il est peu probable que le conjoint qui continue de travailler pour faire bouillir la marmite accepte de se farcir les tâches ménagères alors que « vous passez la journée à la maison ! » (dit comme ça, ça ressemble à des vacances...). Alors imaginez, pendant des mois, votre vie va tourner autour des couches, des biberons puis des purées, des courses, et du ménage. L'épanouissement pour certaines/certains. Le désespoir pour la grande majorité.

La vie sociale sera calée selon les horaires de l'enfant, mais peut-être vous ferez-vous une amie de cette autre maman dans la salle d'attente du pédiatre (ou une ennemie quand elle vous aura raconté que la varicelle n'est que la première d'une longue liste de maladies infantiles auquel votre gosse a peu de chances d'échapper). Vous allez vous farcir les

« areu », les cauchemars, les premiers déplacements en rampant qui vous obligeront à surveiller le petit être quasiment vingt-quatre heures sur vingt-quatre (ou à acheter une laisse et un harnais). Ah oui, pour votre information, la barrière d'un parc d'enfant ou d'un lit à barreaux, ça ne constitue pas un obstacle infranchissable pour un gamin un tant soit peu aventurier. Même si vous prenez le modèle haut de gamme, celui qui coûte la peau des fesses mais possède toutes les normes de sécurité européennes.

À ce rythme, vous risquez rapidement de tomber dans une apathie intellectuelle salvatrice qui vous permettra de ne pas avoir conscience du robot à deux neurones que vous êtes devenu(e). J'ai vu des collègues (en l'occurrence exclusivement des femmes) d'habitude plutôt feignantes et peu motivées par leur travail (constitué, il faut l'avouer, de tâches d'exécution répétitives), revenir d'un congé parental avec un sourire jusqu'aux yeux, se jeter à corps perdu dans les photocopies (tâche passionnante s'il en est) en répétant « Ça fait du bien de sortir de la maison ! Oh que le travail m'a manqué ! Je n'en pouvais plus de ces tâches débilitantes ». C'est sûr que les photocopies, par rapport aux couches, au moins ça ne sent pas...

À ce propos, je fais un petit aparté sur les couches, un aspect tellement attirant (et surtout odorant) de la parentalité qu'il faut absolument le mentionner : avez-vous déjà remarqué qu'un bébé adore se soulager dans une couche bien propre ? À croire qu'il se retient en attendant d'être changé avant de lâcher un autre gros pipi ou popo... Et on y retourne...

Usure psychique et sentiment de culpabilité

- Baby-blues et dépression post-partum

Le baby blues, vous en avez entendu parler ? Et la dépression post-partum ? Plus grave et plus longue que le baby blues, cette dernière toucherait 10 à 15% des femmes après l'accouchement[6]. Ces troubles anxieux et dépressifs peuvent aller, dans des cas extrêmes, jusqu'au suicide de la mère ou au meurtre du bébé. On leur avait dit que ce serait « le plus beau jour de leur vie » et elles se retrouvent avec des idées noires et une incapacité à se réjouir sereinement de la présence de ce petit être qui braille dans leurs bras. Tout l'entourage les félicité, leur répète qu'elles ont de la chance, alors qu'elles voient surtout la montagne insurmontable qui les attend dans leur nouveau rôle de mères qu'elles sont persuadées subitement de ne pas pouvoir gérer.

Le personnel soignant commence doucement à être formé à ces situations et à pouvoir accompagner les jeunes mères, mais ce sujet est encore trop souvent tabou. Un tabou qui enfonce davantage ces femmes dans la solitude et renforce leur besoin de cacher leur souffrance et leurs doutes. Arrêtons ici les idées reçues : toutes les femmes peuvent être touchées, ce phéno-

---

[6] Données INPES.

mène n'est pas réservé aux dépressives chroniques ! Elles ne sont ni folles, ni monstrueuses, elles souffrent simplement d'un mal que la maternité nouvelle a provoqué, n'en déplaise aux irréductibles moralistes qui maintiennent que « la maternité est un moment de bonheur pour toutes les femmes ».

Irène, une collègue, m'a raconté en avoir souffert alors qu'elle désirait plus que tout cet enfant qui venait de naître. Fatiguée, secouées par ses hormones, dépassée par ce bouleversement dans sa vie (elle avait 43 ans et c'était son premier enfant), elle a « pété les plombs » en rentrant chez elle après son séjour à l'hôpital. Un soir, alors que sa fille pleurait, un moment de folie, comme elle le décrit, l'a saisie. Elle a posé la petite dans son berceau, s'est dirigée vers la porte d'entrée en prenant les clés de la voiture au passage. Son idée à ce moment-là ? En finir avec tout ça, prendre le volant et se « foutre dans un arbre » (sic). Son mari, vigilant, l'a arrêtée à temps. Elle s'est enfermée dans sa chambre pendant deux jours, sans sortir, juste pour dormir et reprendre ses esprits. Son mari a tout géré pendant ce temps.

Après un accompagnement psychologique, elle a retrouvé un équilibre. Ce qui l'a aidée ? Entre autres, comprendre qu'elle n'était pas folle et surtout que ce phénomène n'était pas rare chez les jeunes mères. Dans un groupe de parole dédié à ce problème, elle a entendu une autre femme raconter : « Parfois j'ai envie de mettre le bébé dans le placard et de fermer la porte, juste pour ne plus entendre ses cris et pour ne plus avoir cette chose qui dépend de moi en permanence, je ne veux plus le voir, j'ai besoin d'une pause ! ».

- La culpabilité parentale

La société joue un grand rôle dans la culpabilité qu'éprouvent bon nombre de parents dans leur manière de gérer leur enfant (et une fois de plus, les femmes sont en première ligne). L'attachement entre la mère et l'enfant par exemple, n'est pas systématique dès le départ. Les stéréotypes insistent tellement sur « l'amour inconditionnel et immédiat » qui unit le parent, et surtout la mère, à son nouveau-né, que les malheureuses qui mettent du temps à ressentir un élan affectif vers ce nourrisson, qui n'est finalement qu'une petite bestiole un peu étrange, culpabilisent profondément ! Un amour inconditionnel et immédiat... Ça se rapproche du mythe du prince charmant, vous ne trouvez pas ? Eh oui, dans le monde réel, il faut parfois du temps pour créer un lien affectif fort. Pour se sentir « mère » ou « père ». Cela ne fait pas de l'individu concerné un « mauvais parent » pour autant. Il faut souvent du temps à une femme (ou à un homme qui n'a pas eu ce lien charnel avec son enfant) pour se glisser dans son nouveau costume de « parent ».

Mon arrière-grand-mère a vécu cela à la naissance de son deuxième enfant, ma grand-mère. Elle espérait un deuxième garçon (à l'époque, il n'y avait pas d'échographie), et ce fut une fille. Elle a alors déclaré « Je n'en veux pas. Gardez-la. » Elle a même refusé de lui donner un prénom. Des années plus tard, elle racontait à sa fille (qu'elle a finalement adorée) : « J'étais déçue, je ne ressentais rien pour toi. Je ne sais pas ce qui m'est arrivé. Ça a mis plusieurs jours pour que je me sente mère vis-à-vis de toi. ». Parfois cela prend même plus de temps, et cela peut nécessiter l'assistance d'un psychothérapeute. C'est une réalité, il n'y a pas de raison de se sentir coupable de ne pas éprouver de sentiments ou d'émotions !

Un autre aspect de culpabilité que la société essaie toujours de faire entrer à coup de marteau dans le crâne de ces « mauvaises mères », c'est la question de l'allaitement. Pour certaines, c'est une impossibilité qui peut d'ailleurs occasionner des regrets (quand on voudrait mais que ce n'est pas possible, pour diverses raisons). Pour d'autres, c'est un choix. Personne ne va demander à une mère qui fait le choix de l'allaitement « Pourquoi tu fais ça ? Tu ne vas pas le regretter ? ». Non. Par contre, une femme qui choisit délibérément de ne pas allaiter, va faire l'objet de questions, de critiques, de jugements, y compris de la part de certains membres du corps médical !

La femme d'un ami, Valérie, a raconté « Quand ma fille est né, à la maternité les infirmières étaient aux petits soins. Quand je leur ai dit que je ne souhaitais pas allaiter, une question à laquelle j'avais mûrement réfléchi, leur comportement a changé du tout au tout.

J'avais l'impression qu'elles n'attendaient plus qu'une chose : que je parte. » Hallucinant, non ? Une femme n'aurait pas le droit de faire ce qu'elle veut de son corps ? Il ne s'agit pas de maltraiter le bébé ou de le priver de quelque chose de vital, aujourd'hui bon nombre de bébés sont nourris exclusivement au biberon et ne s'en portent pas plus mal ! Quant au fait de créer un lien entre mère et enfant via l'allaitement, quel lien croyez-vous qui va se créer si la mère allaite à contrecœur ? Pensez-vous-même que le bébé ne va pas le ressentir ? L'allaitement est un choix personnel. Une femme ne cesse pas d'avoir l'exclusivité des droits sur son propre corps parce qu'elle devient mère. Sa personne ne se transforme pas en machine déshumanisée qui doit « servir » exclusivement au bon développement du nourrisson !

- Jeunes parents déboussolés cherchent guide

Ce bourrage de crâne, sur de jeunes mères qui sont déjà parfois un peu perdues, n'aide pas à l'épanouissement des nouveaux parents. Et une dose de stress supplémentaire, une ! Le début d'une longue série de moments qui vont parfois donner aux parents l'impression qu'ils « font mal les choses ». Il faut coucher le bébé sur tel côté, il faut donner une alimentation solide à tel âge, il faut éviter l'exposition à tel ou tel élément... Trop de conseils tuent le conseil.

Comment faisait-on « avant » ? OK, le taux de mortalité des petits enfants était plus élevé, mais je ne suis pas sûre que la cause principale en soit l'absence de recommandations qui partent dans tous les sens et se contredisent d'une décennie à l'autre et selon les pays (la position du « coucher » par exemple : sur le ventre, le côté, l'autre côté, le dos…). Voir une amie se tordre les mains et les méninges parce qu'elle ne sait pas si elle doit adopter « la diversification alimentaire » pour son bébé à tel ou tel âge, c'est un peu extrême. Mais ça fait vendre des revues et des bouquins sur la question… La petite enfance est devenue un business juteux, la plupart des parents étant prêts à dépenser plus que de raison pour offrir « le meilleur » (ou ce qu'on leur vend comme tel) à leur bébé.

Celui ou celle qui s'oriente vers des options minimalistes, même si en parallèle il déborde d'affection et d'attention pour son enfant, va rapidement être regardé de travers. On va tenter de le conseiller, de lui démontrer les bienfaits de tel ou tel produit supérieur. La rivalité s'installe entre jeunes parents : certains achèteront du matériel dernier cri pour ne pas être en reste vis-à-vis de leurs voisins, amis, collègues… Les conseils et recommandations fusent en tous sens, y compris sur Internet où des blogs et forums indiquent « les bonnes pratiques », qui ne sont pas toujours prônées par le pédiatre, et qui diffèrent aussi de celles conseillées par grand-maman qui a élevé 7 enfants… Alors que faire, qui croire ?

L'impression d'être dépassé, la découverte de recommandations contradictoires, le sentiment de ne pas faire ce qu'il faut pour l'enfant, autant d'éléments qui peuvent amener les parents au bord de l'explosion (une sorte de *burn out* parental). Prenons un exemple concret, malgré l'investissement parental et les avancées médicales, aucune méthode n'a jamais pu faire disparaître le phénomène de « mort subite » ou « mort inattendue » du nourrisson (244 cas en France en 2008, selon une étude de l'InVS). Il y a ce que l'on peut faire, bien sûr, mais il y a aussi une part de chance. Et pour le moment, l'espèce humaine parvient à perdurer, alors c'est qu'on ne s'en sort pas si mal, non ?

Être parent nuit gravement à la tranquillité d'esprit. Mais vous pouvez aussi décider de bazarder toutes les recommandations extérieures et de suivre votre bon sens. De toute façon, même animé des meilleures intentions du monde, vous ferez des erreurs, comme tous les parents, à chaque étape de la vie de votre enfant. Et ce sale petit ingrat saura vous le reprocher plus tard, en oubliant toutes les nuits où vous l'avez veillé alors qu'il était souffrant. À entendre les enfants à certaines périodes de leur vie, tous les parents, ou presque, seraient des « gros nuls » ou « trop nazes ». Bon, c'est un fait, vous serez de toute manière, un jour ou l'autre, un « gros nul trop naze », alors restez zen !

4/ L'enfant ruine votre vie de couple

Bouleversement des priorités

- Quand la question de l'enfant fait débat au sein du couple

Je ne reviendrai pas sur le thème de « l'enfant, finalité de tout couple », cette fois je souhaite me pencher sur la question des couples qui ne sont pas d'accord au sujet de la venue d'un petit humain issu de leurs gènes mélangés. Pour ce que j'en ai vu, dans la majorité des cas de désaccord, c'est la femme qui pousse à la reproduction et l'homme qui se fait tirer l'oreille (ou autre chose...). Question de fond, bien entendu, qui nécessite d'être prise, dans l'idéal, d'un commun accord par deux partenaires qui se sentent réellement prêts à devenir parents. En pratique, bien souvent l'un des deux partenaires « cède » aux demandes insistantes et répétées de sa tendre moitié qui peut recourir à des extrémités peu avouables pour faire pression (chantage au sexe, menace de partir, ou, dans le cas féminin, « faire un bébé dans le dos »).

Bon gré mal gré, le « parent pas tout à fait prêt à le devenir » peut s'épanouir dans ses nouvelles attributions une fois le bébé venu au monde... ou pas. Un exemple tout bête : je ne peux pas m'empêcher de me poser des questions sur le désir profond des géniteurs d'avoir un enfant quand je vois une femme enceinte se présenter seule à une échographie ou à la maternité pour accoucher. Oui, je sais, certains futurs papas n'ont pas le temps à cause d'un boulot très, très, très contraignant et d'une vie digne d'un super-héros, mais si devenir père était vraiment une finalité pour eux, ne croyez-vous qu'ils l'auraient pris, ce fameux temps ? Ne serait-ce que pour voir battre le cœur de leur enfant à l'échographie ou le prendre dans leurs bras juste après sa venue au monde ? Comment s'étonner par la suite si le parent se montre défectueux auprès de sa progéniture ? Les torts sont partagés, entre le parent qui a insisté de manière parfois abusive pour faire un gamin et celui qui a cédé pour avoir la paix, en sachant qu'il s'en occuperait a minima.

Parfois, le sujet de l'enfant devient tellement crucial pour l'un des deux membres du couple qu'il prendra le pas sur tout le reste de la relation. « Si tu m'aimes, tu dois accepter de me donner un enfant » peut-on entendre, ou bien « Si tu refuses, c'est que tu n'es pas prêt à t'engager ». Un pas joli petit chantage affectif qui aboutira à une séparation ou à un gamin à moitié voulu… J'imagine bien volontiers que pour un couple partageant le même désir d'enfant, ce projet commun soit un élément qui rapproche les partenaires, mais j'imagine tout aussi aisément combien ce sujet peut fragiliser une relation quand l'un des deux a l'impression n'être qu'un « outil » permettant à l'autre d'obtenir ce qu'il ou elle veut, à savoir un bébé ! Le message est implicite « Je ne suis pas avec toi pour toi, mais pour ce que tu peux me donner… ». Toutes et tous n'ont pas l'envie d'être, pour leur tendre moitié, un ventre porteur ou un donneur de sperme…

- Ce que modifie la venue d'un enfant dans le couple

Commençons par un petit rappel de la définition d'un couple : « Le mari et la femme, l'amant et l'amante, ou deux personnes vivant ensemble dans des relations d'amitié ou d'intérêt » (dictionnaire Littré). Vous trouverez des définitions assez similaires dans les autres dictionnaires. Le terme qui revient de manière récurrente, et qui sera la base de cette réflexion, c'est « deux individus ». Un couple, c'est deux. Une balance, symbole d'équilibre (pour le cas de la balance Roberval en tout cas, qui représente l'équité et la justice), comporte 2 plateaux. L'arrivée d'un troisième élément modifie en profondeur cet équilibre. Passer de deux à trois, ce n'est pas anodin. Dans le cas présent, le troisième élément qui s'immisce dans cet équilibre, c'est l'enfant ; sa venue transforme le couple en une famille, pour le meilleur et pour le pire. Prenez une balance à deux plateaux, parfaitement équilibrée, et ajoutez un poids d'un côté, allez, au pif, un poids de trois kilos deux (tiens, c'est le poids moyen d'un nouveau-né) : ça va pencher. Pour restaurer l'équilibre, il va falloir procéder à de « petits » ajustements.

Avec l'arrivée d'un enfant, on réorganise la vie au quotidien et les rapports dans le couple sont modifiés : les rapports de séduction, biologiquement parlants, sont conçus pour permettre l'accouplement ; vous ne verrez pas un couple d'oiseaux parader une fois l'œuf dans le nid. Une fois bébé arrivé, c'est pareil, Dame Nature estime que la nécessité première est de se consacrer au bébé. Bien souvent, c'est le père, même s'il adore son gamin, qui se sent mis de côté. La nature, la grossesse, l'accouchement font que la femme, la mère, a souvent un lien charnel particulier avec son enfant (sans généraliser car, là aussi, il y a aussi des exceptions). Ajoutons à cela l'émotion et l'épuisement, liés aussi bien à la naissance qu'aux nuits sans sommeil, et vous obtenez un cocktail qui peut être explosif. Clairement, l'attention de la mère va se porter à 99% (pour ne pas dire 100%) sur ce petit être si attendu et si fragile. Messieurs, vous êtes prévenus, vous disparaissez du paysage pendant un temps variable...

C'est un phénomène normal, dans la nature, chez les mammifères, quand un seul parent s'occupe des petits, c'est presque toujours la femelle. L'humain est un mammifère, ne l'oublions pas. Et en ce qui concerne la procréation, l'instinct primaire prend le dessus : la mère est quasiment conditionnée, notamment par ses hormones, pour tout faire pour assurer la survie de son petit. Oui, c'est magnifique quand on voit ça à la télé : qui ne s'est pas émerveillé devant cette maman ourse prête à affronter un mâle plus gros qu'elle pour protéger sa portée dont il ferait bien son goûter ? C'est moins marrant quand c'est vous, le père, qui avez l'impression d'être un intrus. Bon, rassurez-vous, normalement votre femme ne va pas s'en prendre à vous physiquement pour vous empêcher d'approcher le petit Ernest qui dort dans son berceau. Mais si vous n'aviez pas anticipé cette situation, si vous n'y étiez pas préparé, ou si elle vous paraît insupportable, le risque d'explosion de la cellule familiale est grand.

Pour les cas où c'est Papa qui est « gaga » de son bébé (j'en connais un qui dormait pendant six mois dans la nursery, sur un matelas au pied du berceau, délaissant le lit conjugal), Maman peut se retrouver tout aussi démunie ! Elle a porté et mis au monde l'enfant et maintenant, c'est comme si son compagnon voulait compenser cette relation de fusion physique qu'il n'a pas connue. Et comme Maman n'a plus l'exclusivité du contact avec bébé, elle se sent parfois un peu mise de côté...

- Un engagement qui prend le dessus sur tout le reste pendant des années

Quand ils grandissent (et font enfin leurs nuits), les enfants restent largement dépendants des parents pendant de nombreuses années (on est loin des bébés phoques qui se débrouillent seuls à l'âge de 12 jours, bien obligés car à ce moment leurs mères les laissent vivre leur vie). Pour un enfant humain, comptez plutôt 18 à 23 ans de « dépendance » au moins sur le plan matériel. Souvent, c'est la mère qui demeure la plus proche de ses rejetons, notamment lorsqu'ils sont petits, même si, dans des cas plus rares, c'est l'inverse (je connais quelques familles où le papa est plus proche de ses enfants que la maman). Dans tous les cas de figure, le conjoint qui n'est pas inclus dans cette relation souvent fusionnelle, au moins les premiers mois, a de quoi se sentir mis de côté. Imaginez, vous êtes le centre d'intérêt principal de l'autre pendant des mois ou des années, et subitement vous passez au second plan, il y a de quoi être frustré, non ? L'enfant devient un rival, un être qui vous vole l'attention et le temps que votre moitié vous consacrait jusqu'à son arrivée.

La logistique du quotidien évolue par la force des choses, nécessitant des capacités de planification et laissant souvent peu de place à la spontanéité. Comme dit une de mes amies, mère de trois enfants « Tu ne peux pas te permettre de ne pas être organisée quand tu as des gamins ». Du coup, au moins tant que les enfants sont petits (ou très dépendants, ce qui dure parfois longtemps pour certains), exit les petits restaurants en amoureux, les escapades imprévues décidées à la dernière minute, les tête-à-tête quand vous allez chercher par surprise votre moitié à la sortie du travail (bon, s'il y a des grands-parents disponibles pour jouer les nounous, vous pourrez peut-être grappiller quelques instants sympas par-ci par-là).

Ajoutons à cela que devenir parent peut modifier en profondeur le tempérament d'un individu : une personne frivole et insouciante deviendra peut-être plus prévoyante et organisée afin de gérer le quotidien, une autre plutôt zen va s'angoisser à l'idée de ce qui pourrait arriver à l'enfant, bref tous les repères sont bouleversés. Si c'est dans l'intérêt de l'enfant, tant mieux, c'est un mal nécessaire. Mais une fois de plus, tous les conjoints ne le vivent pas sereinement. Un de mes collègues, séparé de la mère de ses enfants, m'a avoué « Tout allait super bien entre nous avant qu'on ait les enfants. On était très amoureux. Quand on a eu le premier, ça s'est dégradé, j'avais l'impression de ne plus exister. Elle en a voulu un deuxième, j'ai accepté en espérant améliorer la situation. En fait ça a empiré. Je suis allé voir ailleurs, elle ne s'en est même pas aperçue ! Comme si elle n'en avait plus rien à faire. Elle qui était si jalouse avant... »

En résumé, si vous êtes plutôt possessif, fusionnel ou un brin égocentrique, réfléchissez à deux, non à trois fois, avant de vous engager dans l'aventure de la parentalité...

Bonjour bébé, adieu sexualité !

- Plus le temps, ni l'envie...

D'accord c'est un peu cliché. Mais c'est pas faux. Si vous cumulez les suites physiques douloureuses de l'accouchement, l'épuisement lié aux premiers mois de cette petite sangsue qui vous pompe temps et énergie, Mesdames, et la baisse d'intérêt pour votre partenaire évoquée précédemment, vous aurez deviné que votre vie sexuelle s'apparentera sans doute, au moins pendant un temps, au désert de Gobi. Franchement qui a envie de s'envoyer au septième ciel avec six heures de sommeil cumulées sur ses trois dernières nuits ? Quand vous voyez un lit, vous ne pensez pas franchement à des étreintes torrides, plutôt à... DORMIR !

J'ai entendu les témoignages de quelques femmes relatant que la période de la grossesse avait été un booster de leur libido, par contre aucune, absolument aucune, n'a témoigné du même phénomène pour la période post-accouchement. Une fois de plus, il faut s'en prendre à Dame Nature : le désir sexuel est conçu au départ pour faciliter l'accouplement (des études montrent que les femmes ressentent davantage de désir sexuel au moment de l'ovulation), alors une fois la reproduction assurée, il devient inutile à la génitrice d'avoir de nouveau envie de faire des galipettes. Pire, son attention doit se concentrer pendant les premiers mois sur le nouveau-né afin de maximiser les chances de survie de celui-ci (ça, c'est dans la nature, mais les animaux d'appartement que nous sommes devenus ont conservés certaines caractéristiques « sauvages » !). Le vide sexuel serait donc un passage quasiment obligé pour tous les jeunes parents. Ce qui n'est pas sans conséquence pour certains couples.

Et puis il faut reconnaître que le temps disponible vous fait défaut : on jongle entre couches, biberons, câlins, visites en urgence chez le pédiatre, achats d'accessoires de puériculture pas prévus à temps... Si toutefois le petit monstre, auquel vous avez donné tant d'amour et le deuxième prénom de votre arrière-grand-père (qu'il aura plus tard honte d'avouer), vous a laissé suffisamment d'énergie pour avoir envie de vous occuper de ce qui se passe sous votre ceinture et celle de votre partenaire, vous pouvez compter sur une interruption en plein milieu des préliminaires par un braillement rappelant que bébé est dans la pièce voisine et qu'il réclame... quelque chose, même si lui-même ne sait peut-être pas quoi !

Et si vous pensez que ça ira mieux quand le petit aura trois ans, vous vous fourrez le doigt dans l'œil : avec un enfant en vadrouille dans la maison, ouvrant toutes les portes et cherchant ses parents à la moindre occasion, exit les grasses matinées et siestes coquines, les exhibitions à poil dans l'appartement pour exciter votre moitié, les parties de jambes en l'air sur la machine à laver ou le plan de travail de la cuisine. Pour l'intimité, il vous restera la chambre (avec un verrou si possible).

Pour les plages horaires réservées au plaisir, la soirée, quand vous êtes fatigué, ou le petit matin, quand vous n'êtes pas réveillé. Pour les exubérant(e)s, pensez aussi à baisser le volume lors de vos ébats... Avec tout ça, finalement, la chasteté s'imposera d'elle-même.

- **Des modifications physiques chez la femme**

Autre facteur perturbateur, les modifications physiques : la prise de poids est celui auquel on pense le plus vite, elle est comprise, en moyenne, entre 11 et 16 kilos pour une femme ayant un poids « normal » avant la grossesse. En-dehors de la grossesse, combien de femmes restent sereines quand on leur annonce qu'elles vont prendre une quinzaine de kilos ? Rien qu'à voir le nombre de publicités pour les produits amincissants ou les clubs de gym, on devine que c'est un cauchemar pour beaucoup. Un kilo « de grossesse » ne pèse pas moins lourd qu'un kilo « de gourmandise », même si cet état est choisi la plupart du temps. Après l'accouchement, la mère peut s'attendre à une forte perte de poids, mais pas l'intégralité des kilos pris cependant, cela va prendre un peu plus de temps !

Si on ajoute à la prise de poids les cicatrices et les vergetures liées à la grossesse (qui peuvent toucher toutes les zones mais sont souvent présentes sur le bas-ventre et les seins, d'ordinaire des zones que l'on cherche plutôt à soigner dans le cadre de la séduction), on comprend que la femme puisse se sentir mal à l'aise vis-à-vis de sa nouvelle morphologie. D'autant plus si elle a beaucoup de mal à retrouver son ancienne silhouette ou si son compagnon lui fait « gentiment » remarquer qu'elle a grossi ou « n'est plus comme avant ». Sincèrement, Messieurs, vous croyez vraiment qu'on peut porter un poids mouvant de 3 kilos et plus pendant 9 mois dans le bas de son ventre, le faire sortir ensuite par voies naturelles ou par césarienne, sans en conserver des traces ? Si vous ne supportez pas les rondeurs chez votre partenaire, oubliez l'idée de faire un gamin. Mère de famille nombreuse ou mannequin filiforme, il faut choisir !

Certains accouchements laissent également des séquelles physiques internes sérieuses qui peuvent mettre des mois à s'atténuer, quand elles s'atténuent. Ajoutons à cela les potentiels traumatismes (« lors de mon accouchement, j'ai eu l'impression d'être un bout de viande entre les mains des médecins » m'a avoué une amie), les douleurs et le besoin de faire de la kinésithérapie post-accouchement, on conçoit facilement que certaines femmes puissent en arriver à un dégoût, voire un rejet, de leur corps. Difficile de se sentir désirée quand on ne s'aime pas soi-même. Difficile aussi d'envisager son corps comme une source de plaisir quand il vous fait mal ou vous répugne.

Se remettre au sport, faire un régime, prendre le temps d'aller chez l'esthéticienne ou simplement de se maquiller, peut prendre du temps. Temps qui fait cruellement défaut les premiers mois de bébé, d'autant plus que les priorités sont autres.

- De l'abstinence à la rupture

Ce problème de dégradation de la vie sexuelle, car c'en est un (bien souvent la sexualité est un élément privilégié dans la relation d'un couple, qui contribue à renforcer les liens, parfois même c'est la seule chose qui différencie une relation « amicale » d'une relation « amoureuse »), concerne aussi bien les hommes que les femmes. Allez, avec un peu de chance les filles, vous serez tellement chamboulées par vos hormones de jeunes mères que vous oublierez que le sexe, c'est merveilleux.

Attention quand même à ne pas trop jouer à ça, tous les hommes n'ont pas les capacités d'abstinence d'un ascète. Et à l'inverse, Messieurs, n'oubliez pas que votre compagne est TOUJOURS une femme, même si elle est aussi une mère. Et la plupart des femmes ont des besoins physiques et sexuels, comme la plupart des hommes (je ne m'aventurerai pas ici sur le terrain du débat de qui a les plus gros besoins, cela pourrait faire l'objet d'un chapitre entier et ce n'est pas le sujet... Même si certains lecteurs pourraient être surpris du résultat).

Un petit exemple concret, une collègue, assez libérée pour toutes les discussions touchant à sa vie intime, a dû rappeler à son mari, quelque temps après la naissance de leur fille chérie et désirée, que « non, un petit coup vite fait entre 7h et 7h20 du matin, à l'heure où la petite dort et avant d'aller travailler, ça ne va pas pouvoir continuer bien longtemps ! ». Elle a au moins eu la franchise et le courage d'en parler avec l'intéressé. Elle lui a même « imposé » de prendre un week-end juste pour eux deux, en couple, en confiant la petite aux grands-parents... Le père n'était pas enthousiaste (comme quoi la fusion mère-enfant il ne faut pas la généraliser !), mais il a saisi l'importance de la démarche pour maintenir l'harmonie dans leur couple. Une histoire qui finit bien.

D'autres histoires ne finissent pas de manière aussi satisfaisante, l'arrivée de l'enfant pouvant mettre un terme définitif aux relations sexuelles au sein d'un couple. Je connais des couples (bizarrement séparés à l'heure actuelle...) dont l'un des membres (l'homme en général) me disait que la vie intime avait cessé d'exister après la venue des enfants. Beaucoup de couples qui ne parviennent pas à rétablir la situation finissent par se séparer.

Alors certes, Blanche-Neige et son prince ont vécu heureux tout en ayant beaucoup d'enfants, on nous l'a assez répété (sans toutefois préciser le nombre de kilos accumulés par la jolie Blanche-Neige à la longue), de même que, plus près de nous, certaines stars du show-biz mettent en avant leur vie de famille idéale au milieu d'une meute de gamins tout en s'affichant heureux et amoureux devant les caméras : facile quand on dispose d'une baby-sitter à plein temps, d'une femme de ménage ou deux, voire d'une mère porteuse pour se farcir les joies de la grossesse et de l'accouchement à votre place (sans parler de ceux qui recourent aux adoptions à la chaîne). Dans ces conditions, oui, sans doute, on doit pouvoir concilier facilement épanouissement sentimental et sexuel avec la parentalité.

Rivalité parentale et jalousie

- Attention, le gamin est un manipulateur

Je le disais plus haut, une famille c'est un équilibre à trouver. Et les gamins le comprennent très vite. Il est rare que la relation parent-enfant soit aussi forte avec chacun des deux parents, en général il y a un parent « plus proche » que l'autre de l'enfant, et ce n'est pas toujours la mère. On a tendance à dire que les pères sont plus proches de leurs filles et les mères de leurs fils. Je laisse aux psys le soin d'écrire de nombreux ouvrages sur le sujet du complexe d'Œdipe, je me contenterai de souligner que cette relation « privilégiée », les mômes la perçoivent très vite et apprennent à s'en servir.

Quoi, vous ne pensiez pas qu'un petit enfant était manipulateur ? Pas plus qu'un chaton, qui vous regarde en miaulant avec ses grands yeux innocents pour avoir d'autres croquettes parce qu'il n'aime pas celles que vous avez servies ou qui s'est installé dans les couvertures du lit et veut à tout prix vous convaincre de l'y laisser... Le gamin est pareil. Pour peu que la relation fusionnelle avec l'un des parents soit mal vécue par le second, le petit être facétieux va en jouer.

Papa (ou Maman) va se retrouver à tenir le mauvais rôle de manière récurrente, tandis que l'autre sera « le parent gentil », le préféré, celui à qui on fait un bisou en premier, celui à qui on réclame une histoire le soir, celui que l'on câline le plus... Voire pire, celui auquel on va demander la permission de faire quelque chose que l'autre a interdit. Là, on arrive sur un terrain miné. Si les parents ne sont pas parvenus à se mettre d'accord dès le départ sur les règles de vie familiale et l'éducation (évoquer le sujet avant même de concevoir peut-être une excellente idée, il est difficile de créer une famille harmonieuse quand on s'aperçoit, une fois l'enfant présent, que l'un des parents a une vision permissive de l'éducation alors que l'autre prône des règles strictes), l'enfant va s'engouffrer dans la brèche qui lui est offerte.

Ah bon, Papa interdit de sortir jouer au ballon dans la rue après le dîner ? Mais Maman, elle, a dit oui... Pour le petit malin qu'est le gamin, ça peut même devenir un jeu : quel parent va céder en premier ? Quelques flatteries, des petits bisous, ça peut marcher, surtout si une rivalité parentale est déjà présente au sein du couple ! S'en suivent des engueulades qui minent la relation entre les parents et démontrent bien à l'enfant que « diviser pour mieux régner », cela fonctionne parfaitement. Non, le gamin ne souhaite pas l'unité de la cellule familiale. L'enfant, dans son esprit, est un petit roi au centre de son royaume. Il se croit unique, l'ultime objet d'amour de ses parents (et quand ce n'est pas le cas, il n'y a pas que quoi s'en réjouir, c'est que quelque chose est pourri dans le royaume familial). Ce n'est qu'en grandissant qu'il réalisera que Papa n'est pas seulement un père, mais aussi un homme, un collègue, un patron, un fils, un ami... Idem pour Maman bien entendu.

- Couples séparés : un exercice d'équilibre pour l'éducation

Les désaccords sur la manière d'élever les enfants sont une cause de séparation dans le couple. Malheureux, non ? Et n'imaginez pas qu'après le divorce, cela ira mieux. Aujourd'hui être un « enfant de divorcés » est tellement banalisé que les mioches ont appris à en tirer parti. Fêter deux fois Noël, Pâques, les anniversaires, avoir de l'argent de poche (pour les plus chanceux) des deux côtés, pouvoir faire chez l'un ce qui est interdit chez l'autre... Franchement, vous n'en profiteriez pas, vous ? Les gamins le font sans vergogne.

Si les parents ont réussi à se séparer en bons termes et/ou placent l'intérêt de l'enfant au centre de leurs préoccupations, ils peuvent, tout en étant séparés, se mettre d'accord sur une ligne de conduite éducative commune avec les règles de vie à appliquer, les punitions éventuelles... Ce qui implique une fois de plus d'avoir des valeurs similaires, une vision de l'éducation partagée et acceptée. Sachant que les désaccords sur l'éducation des enfants peuvent être la source du divorce, je vous laisse imaginer ce qu'il adviendra une fois les parents séparés !

Pour les ex-conjoints qui ne sont d'accord sur rien, ou tout simplement ne s'adressent plus la parole, c'est compliqué de trouver une ligne éducative commune... Et pourtant l'enfant reste un lien entre eux, à vie (un élément à prendre en compte avant de se reproduire avec Machin ou Bidule, voulez-vous vraiment un lien à vie avec lui/elle ?). Chacun fait à sa sauce, de son côté. L'enfant n'a aucun cadre cohérent, il comprend simplement que les règles changent selon la personne avec laquelle il vit et qu'il doit s'y adapter, sans trop comprendre la logique de tout cela. Ce n'est pas très rassurant pour un enfant en bas âge et pas très facile à respecter pour un adolescent qui arrive dans la phase où il teste les limites et l'autorité des parents. Bien des enfants vont essayer d'en tirer partir en obtenant chez l'un des parents ce qui lui est refusé chez l'autre, en jouant tantôt sur un tableau tantôt sur l'autre, au gré des circonstances, en mettant littéralement en concurrence ses deux parents.

Parfois, un des parents va jusqu'à profiter du temps passé avec l'enfant pour se mettre en valeur par rapport à l'autre et le démolir « Tu vois, moi je t'autorise ça, je suis sûr que ta mère te l'interdit, de toute façon, elle a toujours été conne... » ou bien « Ton père te donne 10 euros d'argent de poche par semaine ? Il a toujours été un sale radin, moi je t'en donne 20. » Pour la cohérence éducative, on oublie. Quant au fait de dénigrer, parfois en des termes peu flatteurs, voire grossiers ou injurieux, l'autre parent, quel effet pensez-vous que cela fasse sur le gamin ? Les parents y perdent le respect de leur enfant. Tous les deux.

- La garde alternée : une bataille pour avoir l'enfant... ou pas !

Dans les cas extrêmes, mais pas rares hélas, l'enfant devient le centre d'une bataille pour la garde, où l'on s'attache plus à l'idée de « priver » l'autre de quelque chose que de tirer satisfaction de l'obtenir soi-même. Oui, c'est moche, surtout pour le gamin qui devient un outil, un instrument de vengeance, un bien au même titre qu'une voiture ou une maison.

Le fils de Valérie, une de mes collègues (séparée), s'est vu privé de Noël l'an passé : son père, qui ne fête pas Noël pour des raisons de croyances religieuses, a imposé à son ex-femme d'avoir les enfants avec lui la semaine de Noël, tandis qu'elle les aurait pour le Nouvel An (il aurait pu choisir l'inverse mais ne l'a délibérément pas fait). Pour un enfant de huit ans, Noël, ça compte : le petit s'inquiétait déjà de ce que ferait le père Noël car il ne serait pas chez sa mère, là où il y a le sapin pour déposer les cadeaux au pied. Avec adresse, Valérie a répondu qu'elle expliquerait la situation au

Père Noël et que, dans les cas particuliers, le vieux barbu pouvait repasser une semaine plus tard pour déposer les cadeaux (bien joué !).

On voit aussi parfois le cas contraire, où chaque parent s'efforce de « refiler » le gamin à son ex-conjoint, telle une patate chaude que personne ne veut conserver. Le divorce peut alors être une source d'oxygène, et la garde alternée une libération offrant, enfin, du temps pour soi. Par ailleurs, si l'un des deux parents refait sa vie, avec un nouveau partenaire (qui a peut-être lui-même déjà des enfants), l'enfant issu d'une précédente relation peut devenir un poids. « Non, jamais, ce sera toujours l'intérêt de mon enfant d'abord ! », vont protester certains parents. Et c'est ainsi qu'il devrait en être dans un monde idéal, mais nous ne sommes pas dans un monde idéal. Les adultes sont parfois (souvent) égoïstes et l'enfant conçu lors d'une relation qui s'est terminée (parfois dans des circonstances pénibles) peut être un rappel d'un passé que l'on voudrait oublier. Il faut dire que certains mômes n'y mettent pas du leur, si le courant ne passe pas entre eux et le « beau-parent » ou les « demi-frères et demi-sœurs », les « T'es pas mon père » (et ses variantes) fusent alors en boucle...

Mais ne diabolisons pas les gosses, certains « beaux-parents » affichent clairement leur rejet de l'enfant issu d'une précédente union. Avez-vous remarqué, dans les cas médiatisés de maltraitance extrême sur des enfants, le nombre impressionnant de fois où l'adulte maltraitant était le beau-père ou la belle-mère, et où le parent biologique fermait les yeux ? Difficile pourtant de croire que telle mère ou tel père ne savait pas ce qui se passait entre son nouveau partenaire et son enfant...

Dans les cas les plus extrêmes où l'enfant est perçu comme un fardeau, le gamin finit livré à lui-même, en pyjama en pleine nuit dans la rue, car l'un des parents l'a déposé devant la demeure de son ex-conjoint tout en sachant que celui-ci s'était absenté, tout simplement parce que « ce n'était pas sa semaine de garde » ou que « ça ne l'arrangeait vraiment pas d'avoir les gosses à cette période » (exemple tiré d'un fait réel ! Les deux frères de cette histoire, âgés de 6 et 8 ans, ont été récupérés par les services sociaux).

Où est la prise en compte de l'intérêt et du bonheur de l'enfant dans ces situations ? Rappelons, encore une fois, que l'enfant n'a pas demandé à venir au monde, n'a pas choisi sa famille, et n'a pas décidé du divorce de ses parents... Ce sont eux les adultes. Normalement.

5/ Devenir parent vous piège dans un système

Le système vous incite à vous reproduire, parfois contre votre intérêt

- Vous êtes payés pour vous reproduire

Nous vivons dans un pays qui applique une politique nataliste : non, ne levez pas les yeux au ciel, comment appeler autrement un système qui applique le versement d'argent aux personnes ayant engendré un ou plusieurs rejetons, qui prend en compte le nombre d'enfants dans le calcul des années travaillées, dans les attributions d'aides en tous genres, de la taille du logement, des allocations de rentrée scolaire…, a fortiori si vous parvenez à en faire trois ou plus (vous êtes alors gratifié du titre de « famille nombreuse » avec quelques privilèges). Bref, même si ladite politique nataliste permet à des familles modestes d'élever leurs enfants dans de meilleures conditions, voire parfois d'en faire un ou deux de plus, rappelons que cette générosité n'est que le reflet d'un système de valeurs basé sur un intérêt économique. Avant de crier, figurez-vous qu'en Chine, à l'époque de la politique de l'enfant unique, les citoyens étaient pénalisés financièrement quand ils avaient plus d'un enfant. C'est donc bien un choix politique que d'inciter les individus à se reproduire par des aides financières.

Nulle part, il n'est indiqué que rémunérer les personnes pour avoir des enfants est une obligation éternelle. Et après tout, ne serait-il pas cohérent de ne faire des enfants que quand on en a les moyens ? Sans compter sur la société pour participer à leurs besoins ? La société ne va pas payer les frais de vétérinaire du magnifique chien de race que vous venez d'acquérir parce que vous en aviez envie, ni l'assurance exorbitante de la Porsche sur laquelle vous avez craqué. Par contre, le système français va contribuer à financer l'éducation de vos enfants et leurs besoins de base. C'est un simple constat.

Voici une anecdote qui m'est arrivée personnellement quand j'avais 24 ans : ayant quitté un emploi à la fin d'un contrat, je me suis trouvée sans ressources car l'employeur pour lequel j'avais travaillé un an et demi a refusé de m'indemniser (c'est juste pour situer le contexte). Seul revenu possible en attendant de retrouver un poste : le RSA (revenu de solidarité active). J'ai fait une demande auprès de la Caisse d'Allocations Familiales et je fus stupéfaite de la réponse de la conseillère : « Vous n'avez pas 25 ans, vous n'y avez pas droit... À moins que vous ne soyez parent isolé ? » Eh bien non... La femme s'est penchée vers moi et m'a chuchoté « Si vous envisagez de faire un enfant, ça peut être le bon moment, même si vous êtes en couple, c'est pas grave, par exemple si vous vivez chez vos parents, beaucoup de jeunes parents se font ainsi déclarer parent isolé. Vous aurez droit à d'autres aides ensuite ». Waouh ! Quel conseil ! Quel sens des responsabilités ! Pour rappel, je n'avais pas de travail, pas de revenus, aucun avenir professionnel tracé, aucun logement propre, et on me conseillait de me faire engrosser à ce moment précis !

Combien de jeunes femmes ont suivi ce genre de conseil ?? Quelques unes au moins. J'entends encore ma voisine de palier, annonçant à une copine dans l'escalier qu'elle attendait son troisième gosse « Et puis tu comprends, trois, ça va commencer à être intéressant au niveau des aides. » Bon, bah, pour le prénom vous n'aurez qu'à choisir « alloc », c'est mignon... Autre exemple, cette collègue qui quitte un CDI et part en province avec son mari, qui a lui aussi démissionné, accompagnés leurs trois enfants, sans aucune piste professionnelle, et qui déclare « Bah, si je ne trouve rien et mon homme non plus, on en fera un quatrième, ça nous permettra de tenir quelque temps » (sic !).

- **Devenir parent vous limite dans vos projets de vie**

Vous pensez que les allocations familiales sont « un cadeau » ? Réfléchissez. Bien sûr, il faut renouveler la population, ne serait-ce que pour financer le système de retraites. Mais là n'est pas la seule raison : le système favorise le modèle de la famille avec des enfants, parce que transformer des individus relativement libres et indépendants en parents, ça l'arrange !

Une fois que vous serez parent, chacune de vos décisions, si vous êtes un tant soit peu responsable, devra prendre en compte l'enfant ou les enfants. Un bien joli piège, qui vous incitera à réfléchir à trois ou quatre fois avant de démissionner même si votre patron est un tyran, avant de partir faire le tour du monde même si c'est un rêve d'enfance, avant de vous installer dans un village isolé d'une région perdue pour élever des chèvres (parce que l'école la plus proche est à deux heures de route et l'hôpital à une heure et demie)... Un piège, vous dis-je, qui vous confine dans un modèle stable, établi. Un parent sera plus à même d'accepter des contraintes imposées par le patron, à repousser une reconversion vers une activité plus épanouissante mais peu rémunérée, ou à s'exiler dans une région où l'emploi est rare, tout simplement parce que le besoin de nourrir sa famille passe en priorité.

Certains parents parviennent à s'affranchir de ces obligations et entraînent leurs gamins dans des expériences de voyage, de reconversion de vie à la campagne ou autre projet de vie audacieux, chapeau ! Ceux-ci privilégient sans doute le besoin de transmettre leurs valeurs et leurs convictions à leurs rejetons, au-delà du jugement social qui les taxe volontiers d'égoïstes en oubliant que, sur le fond, leur choix n'est pas plus égoïste que celui des citadins stressés et accros à la consommation qui élèvent leurs petits dans un modèle pré-formaté.

La plupart des parents suivent cependant le modèle établi, obéissent aux recommandations des pédiatres et pédopsychiatres, s'astreignent à des dépenses qui les poussent parfois jusqu'à l'endettement, prennent un crédit pour avoir une maison avec une chambre supplémentaire, et inscrivent leur enfant dans une école publique gratuite (le privé coûte cher) même si le modèle d'enseignement n'est pas adapté à la personnalité de l'enfant. Dès le plus jeune âge, l'école « traditionnelle » va apprendre à l'enfant qu'il faut entrer dans un moule, n'être ni « trop » ni « pas assez » quoi que ce soit (critères définis par rapport à une moyenne, par définition pas du tout représentative...), sous peine de ne pas avoir sa place dans la société. Le nouveau petit humain est à son tour absorbé par le système.

Alors oui, le système donne, mais le prix à payer sur votre vie et celle de votre enfant, peut être lourd, à vous de voir si le jeu en vaut la chandelle.

- Quand l'enfant devient une raison de « rester »

Dans la famille idéale qu'on nous vante depuis la nuit des temps dans les contes de fée, et depuis l'avènement de la télévision dans les publicités, ils se marièrent, vécurent heureux et eurent beaucoup d'enfants. Père et mère aimants, s'occupant avec bienveillance de leurs descendants directs, réunis dans des activités ludiques et participatives : voici les clichés que l'on nous vante pour mieux nous vendre salons de jardin et cuisines équipées. La famille consomme, achète, investit, part en vacances... Elle dépense plus qu'un couple simple ou un célibataire. Alors on nous vante ses mérites, avec la venue d'un enfant pour sceller l'engagement.

Si les parents reconnaissent l'enfant, un lien légal est établi pour la vie. Un lien qui donne des droits difficiles à détruire (il faut un sérieux dossier pour déchoir un individu de ses droits parentaux). Tout va pour le mieux quand la famille est soudée, mais le jour où des dissensions apparaissent, bonjour les dégâts. Combien de parents disent « rester pour les enfants » quand la situation du couple se dégrade ? Jusqu'à en accepter parfois des traitements dégradants (violence, adultère...).

Parfois aussi, ces parents restent parce qu'il est difficile de quitter une situation connue, même si elle est douloureuse, de repartir « de zéro », d'affronter la solitude ; dans ce cas les enfants peuvent être un argument pour se mentir à soi-même en les utilisant comme prétexte pour repousser la séparation. Iseut, une collègue divorcée du père de ses enfants, le raconte avec sincérité : « Mon ex-mari buvait trop et était d'une jalousie maladive après quelques années de vie commune. Il devenait violent vis-à-vis de moi. Nous avions deux enfants en bas âge et je me disais souvent que je partirais quand ils seraient plus grands. Néanmoins la situation me minait, à tel point que mon employeur s'en est aperçu et m'a incitée à consulter la psychologue de l'équipe. Celle-ci m'a ouvert les yeux : je ne restais pas pour le bonheur de mes enfants, qui souffraient eux aussi de voir leur mère malheureuse, même si j'ai toujours essayé de leur cacher les moments les plus durs, je restais parce que j'avais peur de partir, en me servant du prétexte de la présence des enfants pour reculer le moment. » Iseut a finalement divorcé un an plus tard. Alors, « rester pour les enfants » : sens admirable du sacrifice ou argument socialement acceptable qui cache une lâcheté individuelle ? Impossible de généraliser.

Une chose est sûre, un grand nombre de mères sont prêtes à accepter beaucoup pour protéger leurs enfants, et certains hommes en jouent (« si on divorce, je ferai tout pour que tu ne vois pas les enfants », etc). La peur de ne plus voir ses enfants, ou d'en être privées une semaine sur deux ou un week-end par mois dans le cadre d'une garde alternée, freine certaines femmes dans leurs démarches de séparation. La baisse des revenus qu'entraîne une séparation entre également en ligne de compte. Si c'est l'homme qui a les revenus les plus importants, ce qui est souvent le cas, la femme peut appréhender une situation nouvelle où elle devra subvenir en solo à ses besoins et à ceux de ses enfants (nombre de pensions alimentaires ne sont pas payées par le parent qui est censé les verser...). L'enfant passe ainsi du rôle de « ciment » du couple à celui de « fil à la patte » qui maintient et fait perdurer, à son insu, une situation devenue parfois intenable.

J'entends d'ici certains lecteurs masculins s'insurger contre les cas décrits précédemment, au motif qu'ils seraient caricaturaux ou abusifs. Pour être juste, il faut également parler de la situation de ces hommes qui se trouvent privés de leurs droits paternels et parfois de la possibilité de simplement voir leurs enfants, par des mères manipulatrices et malhonnêtes. Certains papas ont vécu un véritable enfer, allant jusqu'à médiatiser leur cause en s'enchaînant à des bâtiments publics pour attirer l'attention sur leur situation. Sachant que la société admet plus facilement l'aspect fusionnel du lien qui unit un enfant à sa mère qu'à celui qui le lie à son père, Messieurs, bon courage pour vous faire entendre !

Dans les deux sens, l'enfant peut devenir un objet de chantage, de pression, pour contraindre l'autre à rester, à accepter une situation qu'il exècre. Alors oui, l'enfant peut contribuer à vous piéger dans une vie qui ne vous rendra plus heureux.

Une fois parent, on fait partie d'un club

- Le milieu scolaire, subi par les enfants... et par les parents

Combien de fois ai-je entendu des collègues soupirer « Fais ch***, ce soir j'ai réunion de parents d'élèves (ou parents-professeurs) ». Bon, déjà on sent que la scolarité de leurs rejetons les passionne. Pensez-vous qu'ils allaient sortir de votre utérus avec la science infuse ? Non, même si vous vous êtes gavée de vitamines et de produits miracles pendant la gestation... pardon, on dit grossesse pour l'être humain. Bref, l'instruction étant obligatoire en France, la case « école » est souvent incontournable car la classe à la maison, c'est compliqué.

Vous découvrirez donc la joie des adieux à l'école maternelle, où bien souvent ce sont les parents qui reniflent en s'éloignant alors que ces petits mômes ingrats se sont déjà jetés sur le jeu de dînette ou de garage astucieusement déposé dans la classe par la maîtresse, et ils ont allègrement oublié leurs parents (ça vous donne un avant-goût de ce qui vous attend quand ils grandiront).

Vous aurez le plaisir de retrouver votre trésor le soir, en attendant pour cela au milieu d'autres parents qui se croiront obligés de lier connaissance. Si vous êtes un peu asocial(e), les sorties d'école deviendront vite votre cauchemar ! Vous serez jugé, évalué, mis dans une case, selon vos vêtements, ceux de votre enfant, ce que vous glissez dans son sac pour le goûter, le doudou que vous lui avez offert. Ce sera une belle opportunité pour récolter des conseils de nutrition, de soin ou d'éducation que vous ne trouveriez peut-être dans aucun magazine de puériculture (et il y a peut-être une raison à cela...).

En plus, votre enfant reviendra de sa journée en classe en réclamant de regarder tel ou tel dessin animé à la mode conseillé par son meilleur ami. Gentiment, vous accepterez (après les devoirs parce que vous êtes un parent responsable), avant de vous apercevoir que ledit dessin animé est niais au possible, ou violent, doté d'un graphisme douteux ou accompagné d'une musique lancinante dont le refrain vous poursuivra la nuit. Mais votre trésor s'étant entiché dudit feuilleton, vous devrez soit affronter une crise de larmes en lui interdisant de le regarder, soit prier pour que la télé tombe en panne.

Qui dit apprentissage des relations sociales pour votre enfant dit aussi confrontation à vos propres limites : comment réagir quand votre enfant est puni à l'école pour avoir dit un gros mot à un camarade, sachant qu'il a appris ce terme pendant le trajet en voiture maison-école, de la bouche de son papa (ou de sa maman) qui s'adressait alors à un automobiliste peu respectueux du code de la route (peut-être même un certain geste du troisième doigt de la main a-t-il accompagné l'échange de noms d'oiseaux) ? Vous allez devoir apprendre à vous retenir, messieurs-dames, sous peine de perdre toute crédibilité, et donc autorité, auprès de votre progéniture. Pas question non plus de valider le fait que le petit ait tiré la langue à sa maîtresse, même si vous-même n'êtes pas d'accord avec certaines méthodes employées par l'enseignante et que, avouons-le, vous pensez que c'est une connasse finie qui aurait mieux fait de choisir une autre profession. Vous êtes parent, vous devez désormais montrer l'exemple... ou tout au moins avoir une certaine crédibilité.

- Les activités enfantines, un passage obligé

Rassurez-vous, il y a aura des compensations à tous vos efforts : pour la fête des mères et/ou des pères, vous aurez droit à de magnifiques dessins immondes, des colliers de pâtes qui attireront à coup sûr les charançons dans votre cuisine, ou tout autre poème finissant par « maman/papa je t'aime » qu'il vous faudra faire semblant d'admirer. Bon, là encore ça peut être bref. On case le dessin dans un tiroir, on jette discrètement le collier de pâtes au bout de quelques jours... Les conséquences ne sont pas bien lourdes.

Ça deviendra plus ennuyeux lorsque votre enfant, en grandissant, participera au spectacle de l'école. Il faudra certainement y aller un week-end (précisément celui où vous aviez prévu de faire la grasse matinée), comme par hasard il pleuvra et vous ne trouverez pas de place à proximité de l'école pour vous garer (eh oui, d'autres parents aussi viennent en voiture). Pas grave, un spectacle d'une heure, ça va vite passer, songez-vous en secouant vos pieds mouillés pour entrer dans l'école. Oui et non. Vous découvrirez avec horreur et devant tout le monde que votre enfant chante faux, qu'il devient rouge comme une écrevisse en récitant un texte en public (allez, dites-vous qu'il tient ça de l'autre parent, pas de vous !). Peut-être votre enfant passera-t-il en dernier, ce qui vous laissera le temps de rigoler (intérieurement sans doute, il faut être respectueux) en voyant les sketches bidons et les costumes multicolores des autres élèves qui se produiront avant lui. Attention quand même à ne pas déchanter en réalisant que la chose ridicule déguisée en fleur géante couleur vert caca d'oie qui vient d'arriver sur scène est... le vôtre ! Rassurez-vous : lors de ce genre de manifestation, tous les parents sont égaux ! Et les photos ne sont pas obligatoires... Par contre, si à la sortie, votre gamin, ravi, vous annonce sa décision de faire une carrière dans le théâtre plus tard, dites-lui qu'il a largement le temps d'y penser et passez vite à autre chose. Heureusement, les enfants changent assez rapidement d'ambitions concernant leur avenir professionnel, ce qui vous laisse un espoir.

Au fil des années viendront les activités périscolaires qui, comme leur nom l'indique, vous contraindront à faire la navette, le soir et le week-end (c'est-à-dire pendant les moments où vous espériez vous reposer et penser à vous), pour emmener votre fils au gymnase, votre fille à la chorale, histoire de dépenser un peu d'essence (ce n'est pas comme si elle était chère) qui s'ajoutera au coût exorbitant de l'inscription à l'année. Prévoyez aussi quelques blessures (plus probables cependant si votre enfant fait du sport que du chant) et des petits sauts ponctuels aux urgences pour une chute ou une jambe cassée. Mais bon, faire du sport, c'est bon pour la santé, tout le monde le dit. Et vous ne voudriez-pas passer pour un mauvais parent, non ?

- Fêtes familiales et occasions imposées

Ah, les réunions de famille, hauts lieux de règlements de comptes en tous genres... Difficile d'y couper, en général, a fortiori une fois que les mioches sont là, sous peine de voir ses propres enfants ostracisés par le reste du clan. On peut vivre très bien avec le fait qu'on déteste belle-maman, et qu'elle éprouve pour nous les mêmes sentiments, mais qu'en est-il de priver les enfants de voir leur grand-mère ? Un exemple pioché au hasard... Alors on va se forcer, maintenir des liens pour que les petits aient l'occasion de voir leurs cousins et cousines, tatas, tontons, pépés et mémés au moins quelques fois dans l'année. Tant pis si on finit par détester Noël et ces retrouvailles familiales imposées.

Et puis il y a aussi les anniversaires, l'occasion pour la plupart des familles d'inviter les amis de leur bambin : prévoir quelques kilos de bonbons (vous avez beau être féru(e) d'alimentation saine, allez expliquer à des enfants de huit ans que les chips de carottes bios c'est aussi fun que les Smarties, ils vont vous rire au nez), prévoir aussi quelques taches sur les tapis et les canapés (faute au jus de fruit renversé, même le jus de tomate bio sans additif, ça tache), des courses-poursuites dans la maison ou l'appartement et forcément quelques disputes se terminant par des larmes parce que le petit Marcel a perdu au jeu de société ou que la petite Léa se sent oubliée dans son coin.

Coup de chance, le week-end suivant, l'anniversaire « en famille » se déroulera chez vos chers beaux-parents, tellement heureux de voir leurs petits-enfants (et par la même occasion de vous glisser une remarque à vous, la pièce rapportée, sur votre récente prise de poids ou autre). Vous aurez le déplaisir de constater qu'en matière de cadeaux, toute la famille n'a pas la même vision de ce qui est adapté (super le gros camion électrique qui va rayer votre parquet et rentrer dans toutes les plinthes de votre couloir...), allant jusqu'à vous demander si les grands-parents (ou tatas et tontons) ne choisissent pas exprès les cadeaux ayant la plus grande chance de vous déplaire à vous, parents. Néanmoins, vous ferez un beau sourire en voyant votre trésor déballer un fusil en plastique, même si vous êtes farouchement anti-armes, et vous lui rappellerez qu'il doit remercier son tonton et sa tata.

Rassurez-vous, il y a des consolations : si les tout petits vous offriront des dessins moches en cadeau, en grandissant, les enfants voudront « acheter quelque chose parce que les dessins ça fait bébé » : Monsieur accompagnera donc sa progéniture en maugréant et finira par passer à la caisse (peut-être avec vos sous si vous avez un compte commun) pour que vous ayez votre « cadeau de fête des mères ». Les enseignes l'ont bien compris, la famille est un business qu'on sert à toutes les sauces : Noël (qui n'a plus grand-chose à voir avec la fête chrétienne), puis la fête des mères, la fête des pères, et voilà qu'est apparue il y a quelques années la fête des grands-mères : achetez, achetez encore, sinon c'est que vous êtes un mauvais parent/enfant !

Un gouffre financier quasiment inéluctable

- Avoir un enfant, ça coûte de l'argent

L'arrivée d'un enfant est bien souvent synonyme d'une baisse du niveau de vie, et le phénomène s'accroît avec la multiplication des enfants. Pas tant en raison des dépenses inhérentes à l'entretien de l'enfant, qui sont en partie compensées par les prestations sociales, que par la réorganisation, personnelle et professionnelle, qui s'en suit. Dans nombre de familles, en effet, l'un des deux parents réduit ou suspend son activité professionnelle et par là même ses revenus : temps partiel, congé parental... Le calcul reste néanmoins à faire : confier son enfant à une « nounou » ou une garderie (en attendant que l'école joue ce rôle !), a un coût non négligeable. Il est parfois préférable, financièrement parlant, de réduire son activité professionnelle pour gérer soi-même la garde de ses bambins.

L'enfant, avant même sa venue au monde, coûte de l'argent : vêtements, matériel de puériculture, peut-être aussi des travaux à prévoir dans la maison. Puis, une fois le nourrisson sorti de la rose ou du chou, il faudra acheter nourriture, produits de soins... Quand l'enfant grandira, il faudra dépenser, encore et encore, pour le matériel d'école et la cantine, les vêtements et les jouets, les soins médicaux mal remboursés (avez-vous une idée de combien vous coûtera un appareil d'orthodontie, auquel la mâchoire d'aucun enfant, ou presque, n'échappe plus ?).

Avec un seul enfant, ne comptez pas sur des allocations significatives, ce sera essentiellement pour votre poche (si possible, pour la venue de bébé, faites une liste de naissance et mettez-vous d'accord avec vos proches pour ne pas recevoir dix exemplaires d'un pyjama taille 1 mois et vous retrouver à devoir payer le lit bébé à vous tout seul... Ce sera toujours ça de pris, ensuite vous serez livré à vous-même et à votre porte-monnaie). Avec plusieurs enfants, les dépenses augmentent mais pas de manière linéaire, les aides sont plus conséquentes et les affaires achetées pour le premier peuvent être réutilisées pour les suivants (à condition que l'aîné ne les ait pas rendues inutilisables et que les pyjamas ne portent pas la mention « Baby girl » alors que le deuxième bébé est un garçon...).

Parce qu'une naissance représente aussi des ressources supplémentaires (allocations, changement de quotient familial...), certains parents pensent pouvoir sortir, sinon gagnants, tout au moins pas trop perdants dans l'affaire. C'est un peu plus compliqué que ça. Notamment parce qu'un enfant occasionne des dizaines de dépenses imprévues et superflues, auxquelles il est difficile d'échapper.

- Des dépenses obligatoires aux dépenses surfaites mais incontournables

Même si, dans les premiers temps, un gamin, surtout s'il est précédé de deux autres ou plus, ça rapporte, vous verrez bien vite que s'il suffisait de se reproduire pour faire fortune, la Terre serait encore plus surpeuplée qu'elle ne l'est déjà. Soit vous astreignez vos enfants à apprendre à se passer de tout le superflu (c'est-à-dire 90% de ce que réclament les bambins), soit vous cédez, par rapport au regard des autres (toujours la crainte de passer pour « un mauvais parent ») ou pour acheter une forme de paix sociale. J'imagine aisément que même un négociateur entraîné, après trois jours de cris et de crises quasi permanents pour avoir le dernier gadget à la mode, peut être tenté de craquer et de dire « Okayyyyyyyy mais ferme-la ! » Le silence est d'or, dit-on... Parfois il vaut de l'or, en effet.

Dans un lieu public, c'est pire : comment réagir si votre enfant se roule par terre ? Certains parents gèrent la situation avec fermeté, d'autres s'efforcent d'ignorer les 120 décibels qui s'échappent de la bouche du petit monstre, certains enfin, honteux de voir les regards braqués sur eux, cherchent une solution rapide... Effectuer l'achat et sortir au plus vite du magasin par exemple. Le gamin a gagné, il ne l'oubliera pas.

Les publicitaires l'ont bien compris, tout est fait, partout autour de nous, pour faire céder notre chères petites têtes blondes (ou brunes) aux sirènes de la société de consommation. Panneaux publicitaires, super héros à la télé à l'heure du petit-déjeuner ou du goûter, jouets à leur niveau dans les rayons des magasins... Un parent qui s'en sort sans se ruiner ni punir est un héros des temps modernes ! Et les enfants ne sont pas les seuls visés par la publicité à outrance, les parents reçoivent leur dose. Sans compter qu'entre parents aussi, la course à « l'armement » est lancée : quoi, vous n'avez pas acheté l'appareil électroménager dernier cri (qui coûte près de mille euros) pour préparer des soupes et des purées maison à votre gamin ? Tous vos amis l'ont... Quel mauvais parent vous faites (ce n'est pas dit, mais c'est insinué).

Dans la rue, à l'école, lors des sorties avec les copains, les tentations sont nombreuses et la concurrence entre enfants est impitoyable. Cela m'amuse toujours quand j'entends un adulte dire « un enfant, c'est tellement innocent ». Bah ouais... Il n'y a qu'à voir le plaisir qu'ils prennent à découper un ver de terre qui se tord de douleur ou à pousser le plus petit de la classe dans la grosse flaque de boue au coin de la cour de récré pour comprendre ! Petits, mais vicieux. Tout ça pour dire que si votre enfant ne porte pas des vêtements et accessoires à la mode, n'a pas accès aux jouets dernier cri ou carrément à un smartphone (oui, oui, ça va finir par devenir un droit inscrit dans la Constitution au rythme où l'on va...), il sera traité impitoyablement par ses pairs. Charrié, moqué, humilié, exclu. Vous pourrez toujours lui expliquer que les biens matériels ne sont pas importants, que c'est la beauté de l'âme qui compte, et que ses camarades sont des petits snobs, ça ne l'empêchera pas de raser les murs dans la cour de récré. Autant en profiter pour lui apprendre de suite que le monde est mauvais. Non, pas exactement : il est constitué de gens mauvais, nuance. Bienvenue sur Terre mon chéri !

- La scolarité et l'insertion professionnelle : un enjeu crucial mais coûteux

En imaginant que le gamin n'ait pas de problèmes de santé nécessitant des soins coûteux (et pas ou peu remboursés), une question va tout de même se poser pour de nombreuses familles : le coût des études pour les enfants. L'instruction dans les établissements publics est gratuite en France, jusqu'à un certain âge, c'est déjà ça. Mais après ? Sauf si votre enfant sait déjà ce qu'il veut faire et s'engage rapidement dans une formation en alternance ou un contrat d'apprentissage qui lui permettra (espérons-le) de trouver une place dans la vie active, pour peu qu'il hésite, redouble, rate des examens, change d'orientation, vous voilà parti pour des études « longues ».

Certains parents n'ont pas de souci pour financer celles-ci, tant mieux pour tout le monde. D'autres laissent leur enfant se débrouiller (en travaillant à côté de ses études par exemple), tout en lui assurant le gîte et le couvert à la maison (ou pas). D'autres enfin, aimeraient bien mais ne peuvent pas financer des études longues. Il existe la possibilité d'obtenir une bourse, mais les critères sont stricts. Aussi, afin d'éviter que l'enfant ne soit contraint dans ses choix d'études par des raisons financières, certains parents commencent à économiser très tôt (dès la naissance du bébé parfois !), même des sommes insignifiantes, afin de lui constituer une petite épargne. Ce qui signifie se priver, en permanence, rogner sur tout, ne jamais partir en vacances... et assurer une équité d'épargne pour les différents membres de la fratrie s'il y a plusieurs enfants ! Certains parents ont ce sens du sacrifice. D'autres connaissent la tristesse, malgré leurs efforts, de ne pas pouvoir aider leurs enfants dans un projet d'études ou d'installation professionnelle, à leur grand regret. Pareil pour le permis de conduire, qui constitue un véritable budget en soi.

Et les dépenses ne s'arrêtent pas là. Plus tard, quand l'enfant sera adulte, rien ne dit qu'il n'aura pas besoin à un moment ou un autre d'un coup de pouce (problème de santé, installation professionnelle, projet immobilier...). Que faire quand on ne peut matériellement pas aider son rejeton alors qu'on le souhaiterait sincèrement ? On culpabilise, on regrette des choix passés, on va jusqu'à vendre des biens parfois. Et il ne faut pas oublier que certains « enfants » sont de vrais Tanguy qui s'incrusteront chez vous le plus longtemps possible ou y reviendront à la première déconvenue... S'ils ne vous considèrent pas tout simplement comme un distributeur de billets. Le fils d'une amie, pourtant quadragénaire, fonctionne ainsi : un problème de découvert (récurrent) à la fin du mois ? Pas grave, il appelle « maman » qui, prise de compassion, se fait avoir à chaque fois et régularise la situation. Bon, d'accord, dans l'affaire les torts sont partagés, elle pourrait dire non !

6/ L'impact particulièrement négatif des enfants sur l'émancipation des femmes

Conséquences de la maternité sur la situation professionnelle et financière

- La discrimination au travail liée à une possible maternité

Je suis la première à m'insurger contre les inégalités entre hommes et femmes au travail. Et pourtant... Les femmes ne creuseraient-elles pas un peu leur propre tombe à travers la maternité ? La question m'est venue en apprenant la troisième grossesse d'une de mes collègues, en cinq ans de présence dans l'entreprise. Après son recrutement, elle a attendu un peu moins d'un an pour « faire le premier ». À son retour de congé maternité (16 semaines, soit la durée légale, plus quelques semaines de « congés pathologiques liés à la grossesse »), elle nous a annoncé, au bout de 5 mois seulement, qu'elle était de nouveau enceinte... Deuxième grossesse, deuxième congé de 16 semaines, plus les « congés pathologiques ». OK. Elle est revenue parmi nous pendant un peu moins de 2 ans, puis nous a annoncé sa troisième grossesse (jackpot, pour la troisième, le congé accordé est de 26 semaines !!). La personne en question est cadre et responsable d'un service, je vous laisse imaginer le bazar qui s'en suit quand il faut trouver un chef de service pour assurer l'intérim à 3 reprises sur 5 ans...

Autre exemple qui peut aider à comprendre l'hésitation d'un recruteur quand il a le CV d'une jeune femme sans enfant entre les mains : la fille d'une voisine, longtemps contractuelle dans un laboratoire, a attendu une semaine après avoir signé son CDI pour arrêter sa contraception. Elle était enceinte le mois suivant... À peine installée professionnellement, déjà absente. Profitons-en pour rappeler l'existence du congé parental, qui peut succéder au congé maternité, et auquel tout salarié ayant au moins un an d'ancienneté dans l'entreprise (à la date de naissance de l'enfant) peut prétendre. À l'issue de ce congé, le salarié doit retrouver son poste ou un poste avec une rémunération au moins équivalente. Sachant que, dans la grande majorité des cas, c'est la mère qui prend le congé parental (96% des cas selon une étude de l'Organisation de Coopération et de Développement Économique en mars 2016), cela vous étonne-t-il encore que le monde professionnel soi « réticent » à l'égard des femmes ?

De par le fonctionnement naturel, c'est la femme qui va porter et mettre au monde le rejeton, le congé maternité est donc un droit légitime. Néanmoins, il semble que certaines femmes, tout en revendiquant leur droit de travailler, manifestent clairement de quel côté leur cœur balance quand il faut s'investir côté famille ou côté professionnel... Un ou deux gamins sur dix ans de carrière, c'est objectivement raisonnable. Trois sur cinq ans, dès l'emploi garanti, c'est autre chose. Bien sûr, il est plus responsable d'attendre d'avoir une stabilité professionnelle pour commencer à fonder une famille. Mais dans les cas cités précédemment, quelle image d'investissement professionnel pensez-vous que l'employeur va retirer de ces comportements ? Quel patron, qui a pour mission de faire tourner son entreprise, pourra sérieusement en remettre les postes clés à des personnes montrant une telle désinvolture professionnelle ?

Soit, c'est injuste, d'autant que beaucoup de femmes concilient sérieusement investissement professionnel et maternel, mais les cas, trop nombreux, de celles qui abusent du système (ou tout au moins l'exploitent au maximum à leur avantage) desservent l'ensemble de la gent féminine.

- Quand la maternité monopolise le cerveau des femmes

Par ailleurs, vous le constaterez par vous-même si certaines de vos collègues reviennent d'un congé maternité : le boulot n'est pas/plus leur priorité. Les premiers jours de reprise sont davantage consacrés à faire tourner des photos du nouveau-né, raconter avec moult détails l'accouchement et converser avec d'autres génitrices, qu'à mettre à jour sa boite de courriels ou à faire le point sur les évolutions du service pendant les mois d'absence. Il faudra également compter sur une attention moindre de la mère pendant quelques semaines (ou mois), focalisée sur l'absence de son bébé qui lui manque, s'inquiétant sur les capacités de la nounou, ou bâillant à cause des nuits blanches. Certaines vont même jusqu'à s'organiser des petits rendez-vous avec le bébé et la personne qui le garde, via l'application vidéo de leur smartphone, pendant les heures de travail. Toutes les femmes ne procèdent pas ainsi, bien entendu, mais elles sont nombreuses à le faire.

L'heureux employeur de l'heureuse maman devra aussi compter sur des absences, des retards et des départs en cours de journée pour cause de maladie du nourrisson ou de contretemps de la nounou. Même si l'employée « rattrape » ses heures, comme c'est le cas dans certaines structures (les autorisations d'absence pour cause d'« enfant malade » sont variables selon les entreprises, en fonction des accords négociés, allant parfois jusqu'à l'octroi de journées « enfant malade » dédiées à cet effet et rémunérées comme un congé véritable), on imagine bien que cette désorganisation aura un impact dans la structure.

Difficile, quand on a la tête ailleurs et qu'on aspire, avant toute autre chose, à retrouver bébé, d'effectuer un travail de qualité et de s'investir. D'autant plus que Dame Nature, qui est si bien faite, paraît-il, a prévu, pour maximiser les chances de survie du bébé, de développer chez la jeune mère des hormones attirant son attention quasi-exclusivement sur son nouveau trésor (l'ocytocine notamment, également appelée « hormone de l'attachement »). On l'a vu précédemment, même le géniteur peut se trouver reléguer à l'arrière-plan dans le cerveau de la mère, alors imaginez ce qu'il en est pour l'employeur...

Le phénomène s'accompagnerait même d'une baisse de l'intellect de la femme, jugé par Dame Nature inutile dans ce contexte. Non, là, je caricature un peu. Voyons ce que révèle précisément cette étude publiée dans la revue Nature Neurosciences[7] : la grossesse entraîne d'importantes modifications dans le cerveau, qui persistent pendant au moins deux ans après l'accouchement et permettraient de préparer la mère aux exigences de la prise en charge du bébé. Des examens d'imagerie médicale ont montré que la matière grise se réduisait dans certaines zones du cerveau de la femme avant et après l'accouchement, principalement les régions associées aux aptitudes sociales.

---

[7] Article publié le 19 décembre 2016 dans la revue Nature Neurosciences.

- Précarité et dépendance liées à la maternité

Vous l'aurez compris, enfant rime souvent avec ralentissement professionnel : un poste à responsabilité vous passe sous le nez pendant que vous êtes à la maternité, vous choisissez, de vous-même, de passer à temps partiel pour vous occuper de votre enfant, vos objectifs ne sont que partiellement atteints et votre prime s'en ressent...

Qui dit ralentissement professionnel, qu'il soit choisi ou imposé, dit souvent baisse de revenus. La grande majorité des salariés à temps partiel sont des femmes (78% des cas de temps partiels en 2017[8]), parfois pour des raisons familiales, telles que l'élevage l'éducation des enfants. Malgré les compensations (allocations, prise en compte du nombre d'enfants dans le calcul de l'ancienneté pour la retraite...), il est indéniable que ce choix d'avoir des enfants pèse sur la carrière et sur le niveau de revenus des femmes, davantage que sur celle des hommes. En conséquence, au sein de la cellule familiale, c'est le salaire de Monsieur qui permet de maintenir le niveau de vie, Madame se trouvant nettement défavorisée financièrement en cas de rupture (incapacité à garder le logement, difficulté à « joindre les deux bouts » malgré les pensions alimentaires si toutefois elles sont versées...). Une réalité qui peut

---

[8] Article « Le temps partiel reprend, lentement, sa progression » du 9 janvier 2017 (http://www.observationsociete.fr).

pousser certaines femmes à rester dans une relation dans laquelle elles ne sont pas épanouies, voire franchement malheureuses.

La solution idéale, me direz-vous, serait une meilleure répartition entre les parents des tâches relatives aux enfants (laissant ainsi à la femme du temps pour sa carrière), une plus grande implication des pères dans la prise de congés parentaux, etc. Rien n'indique que c'est systématiquement à la femme de mettre en retrait sa vie professionnelle pour s'occuper des enfants ! Mais là, c'est le serpent qui se mord la queue : pourquoi la majorité des congés parentaux sont-ils pris par les mères et non par les pères ? Machisme pur du mâle qui refuserait de rester au foyer tandis que Madame rapporterait de quoi faire bouillir la marmite ? Certains ont cette philosophie, mais c'est loin d'être la raison principale, qui relève du sens pratique : celui qui prend le congé, c'est bien souvent celui qui gagne le moins, pour ne pas trop handicaper financièrement le foyer. Et c'est souvent la femme qui gagne le moins ! Aujourd'hui encore, à postes égaux et compétences similaires, les femmes gagnent en moyenne 18,5% de moins que les hommes[9], qu'elles aient des enfants ou non... Ne serait-ce pas là le vrai problème ?

On attend trop souvent de la femme, une fois mère, qu'elle mette à l'arrière-plan sa carrière professionnelle. On l'attend beaucoup moins de la part d'un

---

[9] Données INSEE 2015.

homme. À tel point que certaines hésiteront à accepter une mutation ou une évolution de leur poste qui les rendraient moins disponibles pour leur foyer. L'auraient-elles refusé de même s'il n'y avait pas eu les enfants ? Pas sûr du tout.

Quand la responsabilité de l'enfant retombe sur la mère

- Garder ou pas l'enfant : la décision et la responsabilité de la femme

La Nature a décidé, depuis la nuit des temps, que ce serait aux femmes de porter les enfants, pourtant la société leur a longtemps dénié le droit de disposer de leur corps (la loi Veil légalisant l'avortement en France date de 1975). Pourtant il est plus facile de partir simplement, comme si rien ne s'était passé, quand on est un homme, que lorsque l'on est une femme et que l'objet du délit grandit déjà dans votre ventre. Certes, à l'heure actuelle, en France, la femme a la liberté d'opter pour garder l'enfant ou avorter, mais le choix reste nettement plus difficile pour elle. En partant, l'homme fait le choix de ne pas assumer sa présence paternelle auprès de l'enfant à venir, la femme, elle, se trouve face à plusieurs choix consécutifs : garder l'enfant à venir ou non ? Si oui, l'abandonner ou non à la naissance ? En assumer la responsabilité ou devoir le confier en cours de route ?

Dans le cas de l'avortement légal, un acquis social incontournable aux yeux de nombreuses femmes dont je fais partie, il faut rappeler que la pratique de l'avortement clandestin a toujours existé : le fait que l'acte soit illégal n'a pas empêché les femmes enceintes qui ne voulaient de l'enfant de faire appel à des « faiseuses d'anges », malgré les peines encourues et les risques lors de l'intervention. Aujourd'hui, même encadré et médicalisé, l'avortement reste toujours un choix douloureux, compliqué, avec des conséquences psychologiques et physiques. Et c'est un choix qui repose sur les épaules de la femme seule, en toute iniquité. Même dans des situations où la femme avorte tout en pouvant compter sur le soutien de son compagnon (d'un commun accord, dirons-nous), ce sera elle qui en subira les effets dans son corps. Je ne nie pas la violence du choc que peuvent ressentir les hommes qui apprennent que leur partenaire a avorté sans leur en parler, alors qu'eux auraient souhaité garder l'enfant, mais ils ne vivent pas la situation dans leur chair même. La Nature ayant imposé à la femme de porter, nourrir et mettre au monde les enfants, n'est-ce pas légitime de lui laisser le dernier mot ?

Quelques cas de femmes recourant « un peu facilement », c'est-à-dire à plusieurs reprises au cours de leur vie suite à des relations sciemment non protégées, à l'avortement (j'en connais qui ont avorté trois fois), ne doivent pas remettre en cause le bien-fondé d'attribuer à chaque femme la maîtrise de son corps et de sa fécondité. Oui, l'avortement doit rester un recours ultime, mais nécessaire et disponible pour toutes. Il peut même s'avérer un acte d'amour profond quand il s'agit d'épargner à un fœtus atteint de graves malformations ou d'une maladie lourde, les souffrances qui l'attendraient dans sa vie potentiellement courte.

Pour celles qui ont porté l'enfant et l'ont mis au monde, mais se trouvent dans l'incapacité de l'assumer par la suite (trop jeunes, isolées, sans ressources, sujettes à des dépendances ou des troubles psychiques...), l'abandon est le choix qui se dessine ensuite. Là aussi, une rupture douloureuse à n'en pas douter. On admirera volontiers la femme qui garde son enfant auprès d'elle envers et contre tout (à juste titre) mais on regardera d'un œil sévère la femme isolée qui abandonne (en oubliant souvent que le premier à avoir abandonné était le géniteur). Abandonner peut-il être un acte d'amour ? Espérer une vie meilleure pour l'enfant, connaître ses propres limites et ses failles et estimer qu'elles sont incompatibles avec l'éducation d'un enfant... Ou bien est-ce simplement un déni de ses responsabilités ? Quand une femme se retrouve seule face à ce choix, il faut l'avoir vécu pour pouvoir prétendre porter un jugement.

- La monoparentalité : une situation compliquée

Qu'en est-il des cas de monoparentalité ? Bien souvent, il s'agit de femmes seules avec leurs enfants (84%

des cas en 2013[10]). Si, pour une infime minorité, il s'agit d'un choix délibéré (« faire un bébé toute seule ») et pleinement assumé, pour la grande majorité c'est une situation imposée : abandon, délaissement, refus de reconnaître l'enfant, de la part du géniteur (c'est sciemment que je me refuse ici à utiliser le terme de « père »). Ériger la monoparentalité en une situation confortable où le parent n'a de comptes à rendre à personne et se débrouille seul en ne comptant que sur lui-même serait une absurdité. Je ne prétends pas, et de loin, qu'il faille absolument deux adultes (et de sexes différents) pour offrir un cadre stable et épanouissant à des enfants : il n'y a qu'à voir le nombre de familles répondant à ces critères qui s'avèrent des creusets de rancœur, de violence, voire de haine. Non, je rappelle simplement qu'élever un enfant seul(e), que l'on soit homme ou femme, c'est un vrai défi. Un défi d'autant plus lourd à relever quand la situation n'a pas été envisagée en amont : le parent s'attend à pouvoir s'appuyer sur son conjoint et éventuellement à compter sur deux salaires pour nourrir la famille, et il se retrouve chargé d'un bambin en solo.

Sans entrer dans les cas particuliers des femmes qui enchaînent les maternités en changeant de géniteur à chaque fois ou presque, pour finalement se déclarer « mères célibataires » (ce qui assure le droit à certaines aides…), si l'on prend la situation d'une mère se retrouvant seule en charge de l'enfant qu'elle a mis au monde,

---

[10] Etude INSEE.

on envisage aisément la masse de défis qui l'attendent. Défi financier pour assurer une vie correcte à l'enfant (c'est surtout le cas pour les femmes de catégories socioprofessionnelles modestes), défi dans l'organisation au quotidien quand il faut travailler, gérer le foyer, l'enfant, les tâches ménagères à 100%, défi sur les choix éducatifs à faire (pas possible dans ce cas d'en discuter avec le conjoint) et défi pour avoir le temps de bâtir sa propre vie (pas évident de reconstruire un couple ou simplement de voir des amis, quand on traîne un gamin accroché à ses pantalons).

L'enfant dépendant exclusivement de ce seul parent, celui-ci portera toute la charge sur ses épaules, avec la culpabilité de ne pas en avoir fait assez. Imaginez, vous êtes une mère solo, vous avez un enfant en bas âge qui dépend exclusivement de vous, n'allez-vous pas faire passer la satisfaction de ses besoins avant tout le reste, et surtout avant les vôtres ? Après tout, cet enfant n'a que vous... On retrouve ici, multipliée par dix, cette capacité qu'ont certaines femmes à se sacrifier pour l'enfant, au détriment de leur propre épanouissement si nécessaire. Être une « mère courage », c'est beau, mais c'est surtout beaucoup de souffrance. Souffrance qui parfois aurait pu être évitée et qui, en aucun cas, ne peut être envisagée comme une fin en soi. Ce n'est pas la finalité de la femme, de la mère, que de se sacrifier !

Un dernier point, car je veux éviter tout manichéisme : les femmes ayant aujourd'hui en France un large accès à la contraception, il est parfois un peu « facile » de faire reposer la « faute » de l'enfant non désiré sur l'homme. Si une femme, sachant que son compagnon ne souhaite pas d'enfant, décide malgré tout de lui en faire un « dans le dos », peut-elle ensuite s'étonner que le géniteur n'assume pas sa paternité ? Un enfant ça se fait à deux. Et c'est valable dans les deux sens.

- Une répartition des tâches qui reste très inégale entre les sexes

Cela m'amuse toujours quand je vois des témoignages d'hommes disant qu'ils aimeraient vivre une journée dans la peau d'une femme, en l'occurrence le jour de l'accouchement : ils ne risquent pas grand-chose à tenir ces propos ! Cela m'amuse beaucoup moins quand les études révèlent que les tâches qui peuvent réellement être accomplies par les deux sexes font toujours l'objet d'une répartition inégale[11]. Il suffit d'observer la salle d'attente d'un pédiatre, les sorties d'écoles ou les activités scolaires nécessitant un accompagnement parental pour constater que les mères y sont souvent beaucoup plus présentes que les pères. Peut-être certaines ont-elles plus de temps (du fait d'un temps partiel ou d'un congé parental) que leur conjoint, mais il n'en demeure pas moins que c'est fréquemment

---

[11] En 2010, en France, les femmes consacrent 3h26 par jour aux tâches domestiques (ménage, courses, soins aux enfants, etc.) contre 2h pour les hommes (données INSEE).

à la mère qu'incombe nombre de tâches « ingrates » telles que le soin des petits bobos, le rôle de taxi...

Ces tâches purement dédiées aux enfants vont s'ajouter aux corvées du quotidien (cuisine, courses, ménage...) où, là aussi, les femmes ont un rôle prépondérant. Ne vous leurrez pas, Mesdames, si vous faites un gamin, vous vous donnez beaucoup de boulot supplémentaire et Monsieur ne participera pas forcément à hauteur de 50%. Un enfant, c'est donc une épine de plus dans le pied de celle qui a déjà l'impression d'en faire plus que son conjoint. Le compagnon d'une de mes collègues, père de ses trois enfants en bas âge, a ainsi l'habitude de jouer aux jeux vidéo quand il rentre chez lui, pendant que Madame fait le dîner et met la table, après avoir lancé une machine à laver et fait la toilette des petits... Comme elle dit « à la maison, j'ai trois enfants, plus mon mari ».

Même s'il semble que certaines femmes soient un peu « maniaques » sur les bords, au point de brandir le chiffon à poussière face à la moindre particule prête à se déposer sur un meuble, la capacité des hommes à laisser le désordre s'installer sans réagir est assez généralisée. Dans la mesure où « c'est celui qui craquera le premier qui s'en occupera » (qu'il s'agisse de calmer bébé qui hurle sans raison ou de nettoyer la vaisselle qui s'empile dans l'évier), c'est souvent la femme qui craque la première !

Alors Mesdames, si vous envisagez de faire un gosse et que l'heureux élu auquel vous avez attribué le rôle de futur géniteur est déjà une grosse feignasse quand il s'agit de mettre la table pour vous deux le soir, n'espérez pas trop que la venue d'un bébé modifie en profondeur ses habitudes. S'il considère qu'en tant que femme c'est à vous de gérer la cuisine et le ménage, quand vous serez mère, il estimera de même que ce sera à vous de torcher le marmot et de vous lever la nuit. Vous êtes prévenues.

Le piège de la sacralisation du rôle de la mère

- Le stéréotype de la femme faite pour être mère

Florence, une de mes amies qui n'a pas eu d'enfants, s'est entendu dire un triste jour (par un homme) : « Tu n'as pas d'enfants ? Mais tu n'as pas l'impression de ne pas être complètement femme ? ». Phrase épouvantable. Qu'il n'aurait sans doute pas dite à un homme demeuré sans descendance. Pourquoi ? Parce que notre société imprégnée de culture judéo-chrétienne et patriarcale reconnaît facilement qu'un homme puisse accomplir sa vie, « réussir », à travers son travail, ses activités associatives, ses succès financiers. Et une femme ? Beaucoup moins acceptable aux yeux de bon nombre d'entre nous. L'épanouissement de la femme passe forcément par la case « maternité » ; après tout, n'est-ce pas pour cela qu'elle est venue au monde ? La Bible ne dit-elle pas dans la Genèse « Dieu créa l'homme à son image, il le créa à l'image de Dieu, il créa l'homme et la femme. Dieu les bénit, et Dieu leur dit : Soyez féconds, multipliez, remplissez la terre » ?

De nombreuses personnes semblent adoucir ce type de discours déterministe en mettant en avant que « la maternité est un rôle merveilleux » (on retrouve les clichés sur la « beauté » d'une femme enceinte). La sacralisation de cette maternité peut donner l'impression d'en faire un état dans lequel la femme devient intouchable, un être sacré car porteur de vie... Mais tout être humain ne mérite-t-il pas, de par sa simple existence, ce droit à la vie, au respect, à être considéré comme sacré car vivant ? La vie de l'homme aurait-elle donc moins de prix que celle de la femme (une fois qu'il a semé sa petite graine, il ne sert plus à rien après tout) ? Et une femme qui n'a pas d'enfant, a-t-elle trahi son sexe, abusé de son existence ? Le raisonnement peut être poussé très loin. Sacraliser une catégorie d'individus de par l'état dans lequel ils se trouvent est une arme à double tranchant pour lesdits individus. Autrement dit, avoir une valeur qui tient à ce qui peut se produire dans notre corps nous amène forcément à faire des choix en conséquence. Que se passe-t-il pour les individus qui refusent cette voie censée les mener au sacré ?

Dans le cas des femmes, dans notre civilisation occidentale, à travers les siècles, elles ont bien souvent été classées en trois catégories : les religieuses, retirées du monde pour vivre leur foi, les femmes mariées, rapidement mères de famille, qui procréent, et les prostituées, destinées à n'être que des corps distribuant du plaisir. Vous avez le choix, Mesdames... Saintes par la fonction dans les deux premiers cas, pécheresses et âmes perdues (mais bien pratiques pour certains) pour le troisième cas de figure. Alors certes, quelques femmes sont parvenues à tirer leur épingle du jeu, en devenant chefs d'État (souvent par le mariage et les enfants), en reprenant un commerce (parfois à la mort de leur époux), ou en brisant tous les codes et en créant leur propre chemin (à travers les activités artistiques notamment). Mais ce ne fut le cas que d'une minorité !

- Quand la femme n'est plus qu'un ventre

Aujourd'hui encore, n'avez-vous pas remarqué un fait, que pour ma part je trouve extrêmement choquant, qui consiste à se donner le droit de toucher le ventre d'une femme enceinte, sans lui demander son avis, et sans faire partie de son cercle très intime ? Une de mes collègues enceinte a récemment giflé une autre collègue qui posait tout de go sa main sur son ventre, en lui faisant remarquer « Tu fais ça d'habitude ? Toucher le corps de personnes qui ne te sont pas intimes ? ». Et le pire, c'est que la « coupable » est restée ébahie, ne comprenant pas la réaction de son interlocutrice (elle a « gentiment » pardonné car une femme enceinte peut être sujette à des sautes d'humeur, c'est connu... Aucune remise en question de sa part).

Objectivement, vous permettez-vous de toucher le ventre (le bas-ventre pour être précise) de votre collègue, amie, voisine, comme ça, sans préavis si j'ose dire, dans le cas où elle n'est pas enceinte ? Non, je suppose ? Alors pourquoi le faire quand elle est enceinte ?? C'est toujours de son corps qu'il s'agit ! Ses parties intimes sont toujours les mêmes, son ventre n'est pas devenu un objet public parce qu'un fœtus s'y développe, elle n'a pas perdu tout droit à l'intimité du fait de sa grossesse. À moins que... une femme enceinte ne serait-elle plus qu'un ventre ?

On peut se poser raisonnablement la question. Unetelle, une fois enceinte, n'est plus Unetelle : elle devient Unetelle qui porte un bébé. Au centre des attentions par moments, mais aussi des conseils, suggestions, mises en garde, quant à ce qui est bon ou pas pour le futur bébé. Faire attention quand on est enceinte, respecter certaines règles d'hygiène de vie, c'est être responsable. Mais par moments, les conseils, y compris de la part du corps médical, pleuvent tellement en tous sens qu'on finit par avoir l'impression que l'existence de la mère en tant qu'être humain disparaît (« il faut faire ci pour le bébé », « il ne faut pas faire ça pour le bébé »... Et la mère dans tout ça ?). À se demander si la future mère n'est pas devenue qu'un simple réceptacle destiné à être modelé pour porter et faire se développer le futur enfant. Mais tout ça en gardant le moral bien sûr car les émotions négatives peuvent nuire au fœtus !

Plusieurs femmes m'ont également fait part de leur souffrance dans le cadre de la grossesse et de l'accouchement, au regard de la manière dont certains membres du corps médical les ont traitées. La parturiente (celle qui accouche) reste une patiente, un être humain, qui se trouve dans une situation où elle a souvent besoin d'un peu d'aide... Pas d'avoir l'impression d'être un morceau de viande !

- La recette introuvable pour être une « bonne » mère

On ne s'étonnera plus de la détresse profonde des femmes qui font une ou plusieurs fausses-couches, accompagnées d'un profond sentiment de culpabilité (« Qu'est-ce que j'ai mal fait ? Qu'est-ce que j'aurais dû faire ? »). Eh bien non, les grossesses, même sans comportements « à risques » ne se mènent pas toutes à terme, la Nature l'a voulu ainsi. De même qu'une plante, même arrosée, nourrie d'engrais et bien exposée, peut dépérir et mourir, il arrive qu'une grossesse s'interrompe d'elle-même. Il n'y a pas de « faute » à rejeter sur la mère ; le pire que j'ai entendu à ce sujet était un médecin disant à une amie qui en était à sa huitième fausse-couche (oui, vous avez bien lu, la huitième) : « Si vous n'arrivez pas à mener une grossesse à terme, c'est parce que c'est dans votre tête que vous avez un problème ». Il n'y avait pas en effet d'explication physique satisfaisante pour justifier ces échecs répétés, mais sortir une telle monstruosité à une femme en désir d'enfant qui se morfond de ne toujours pas en avoir, c'est terrible ! Clairement le message était « Vous tuez vous-même vos bébés ». Anéantie, ma collègue a renoncé à essayer d'avoir un enfant biologique.

Cette culpabilité que la société fait porter sur les femmes dans la manière dont elles tiennent leur rôle de mères, avec le message sous-jacent « Tu accomplis un devoir sacré, mais attention, être le réceptacle du sacré, ça demande un esprit de sacrifice » ne se limite pas à la durée de la grossesse, il se retrouve une fois l'enfant venu au monde. Objectivement, on pardonne plus les manquements en tous genres à un père qu'à une mère, même si les choses tendent à évoluer lentement. Infanticides commis par le père ou par la mère sont également condamnés, mais l'opinion sera plus dure envers une femme coupable de l'indicible.

De même, une femme qui choisira de favoriser un certain épanouissement personnel (évolution professionnelle, choix de vie atypique...) nécessitant une remise en question de son foyer sera rapidement regardée de travers (« Quand même, elle devrait penser à ses enfants... »). Là encore, le jugement de la société sera plus dur vis-à-vis d'une femme que d'un homme. Parce que, dans l'esprit de beaucoup d'entre nous, et encore aujourd'hui, une femme devenue mère se doit avant tout à son foyer. Un exemple tiré d'un fait divers : une maman de trois jeunes enfants a quitté son foyer pendant plusieurs semaines pour participer à une émission de télé-réalité et s'est aussitôt vue affublée du qualificatif de « mauvaise mère ». Dans la même émission, plusieurs candidats masculins étaient pères de jeunes enfants : personne n'a souligné le fait que leurs gamins pouvaient aussi avoir besoin d'eux, autant que leurs femmes qui se récupèrent pour le coup la charge intégrale du foyer et des mioches... On peut remettre en cause le comportement de ces parents (ou pas), mais pourquoi faire cette distinction selon le sexe du participant ?

Tant que la croyance générale tendra à défendre le fait que, par essence, toute mère est liée à son enfant par un amour plus fort que tout et se doit d'être « une bonne mère » (les définitions divergent, rassurez-vous... Créez la vôtre et laissez dire les gens), nombreuses seront celles qui se brideront dans leurs choix de vie, mêmes pour des choix qui finalement ne seraient pas incompatibles avec le bonheur des enfants...

7/ Tous les adultes ne sont pas faits pour être parents

L'instinct plus fort que tout ?

- Nous sommes des mammifères soumis à leurs hormones

« Se reproduire, c'est normal, c'est instinctif chez tous les animaux » m'a dit un jour un collègue. D'accord, l'homme est un mammifère comme les autres. Ou presque. Il y a un petit élément qui différencie l'homme du labrador (rien à voir avec la taille de la queue ni la quantité de poils) : la conscience. Certains appellent cela « l'âme ». D'autres parlent de morale, de distinction entre ce qui est bien et mal. Je reprendrai le terme de conscience car pour moi il évoque la capacité à faire des choix, sans aspect péjoratif ni valeur religieuse. La capacité à sentir et comprendre ce que l'on fait, à en saisir au moins une partie des conséquences. Comme j'ai répondu à ce collègue un brin sentencieux : « C'est vrai. Tuer aussi est instinctif. »

Nous avons en nous un grand nombre d'instincts, pas forcément très reluisants (disons que s'ils se transforment en passages à l'acte, le résultat peut-être assez moche) : l'instinct de se reproduire par exemple, peut inciter au viol. Pourtant, la plupart d'entre nous (hélas pas la totalité) arrivent à faire la différence entre « J'ai envie de me faire Unetelle qui m'excite » (pensée dictée par les hormones sexuelles, donc en lien avec la reproduction même si la recherche immédiate peut-être simplement celle du plaisir charnel) et passer à l'acte sans le consentement de l'intéressée. Ce qui fait la différence entre l'Homme et l'animal, c'est la capacité à réfréner ses instincts (pour la plupart des humains) ou tout du moins à les remettre en question sans leur céder systématiquement, et ce pour diverses raisons : peur de la prison, du regard des autres, de tomber sur plus fort que soi...

On dira volontiers d'une femme prête à déplacer des montagnes pour son enfant : « L'instinct maternel est plus fort que tout ». Oui, l'instinct entre en ligne de compte quand il s'agit de son enfant ou d'un enfant en général. Et l'instinct ne connaît pas les valeurs morales. Une femme douce et fragile peut se transformer en tigresse capable d'user de violence face à un individu qui menacerait la vie ou l'intégrité physique de son enfant. Parfois, le « besoin d'enfant » prend des proportions qui amènent à transgresser la loi : s'enfuir en enlevant son enfant alors que le tribunal vient de retirer la garde au parent concerné, voler l'enfant d'une autre à la maternité...

Le rapport à l'enfant est fort, profondément ancré chez beaucoup d'entre nous, faisant appel à des émotions profondes. Mais n'est-il pas abusif de tout réduire à l'aspect instinctif ?

- Vouloir faire perdurer son nom, sa lignée

Pendant des siècles, transmettre son nom et transmettre ses gènes ont été liés. Bien souvent, cela s'accompagnait de la transmission de biens, d'un patrimoine, d'une entreprise. En l'absence de tests de paternité, on peut imaginer que quelques irrégularités ont cependant faussé, discrètement, les lignées familiales.

On entend encore fréquemment dans les conversations de jeunes parents : « Maintenant qu'on a un enfant, on va se marier, parce que ce sera un moyen pour nous tous de porter le même nom ». Le nom : une identité, l'appartenance à un groupe, une forme de reconnaissance, de protection ? Je suis toujours surprise de voir le nombre de femmes non mariées qui acceptent que l'enfant porte le nom du géniteur (et souvent même pas le leur accolé, alors que c'est désormais tout à fait possible) : rappelons que ce sont quand même elles qui se sont coltiné les joies de la grossesse et de l'accouchement... À la réflexion, il y a une certaine logique dans cette démarche : le lien entre la mère et l'enfant est établi naturellement, dès la naissance, la reconnaissance est évidente. Hormis de très rares cas d'échange de bébés à la maternité, la filiation est à peu près sûre par rapport à la mère. L'identité du père peut être plus facilement sujette à caution. Seule la mère peut la garantir (sauf à pratiquer un test de paternité). En acceptant que l'enfant porte le nom du père, la mère ne rassure-t-elle pas ainsi son conjoint sur le fait qu'il est bien le géniteur ?

On retrouve le même phénomène quand des proches s'extasient sur le fait qu'un bébé ressemble à son père : pour ma part j'ai toujours eu du mal à comprendre comment un petit bout d'un mois peut ressembler à un adulte de trente ans, mais bon... Au fond, c'est le message qui compte : quel message fait-on passer au père en disant ces mots ? Qu'il n'a pas de raison de s'inquiéter, l'enfant est bien de lui (même si on n'en sait rien !). C'est aussi un moyen de reconnaître socialement la filiation, avec délicatesse, une manière de dire : « Oui, cet enfant a tes gènes, c'est évident, on le reconnaît comme ton fils/ta fille, il entre dans la vie sociale en tant que tel ».

Quoi qu'il en soit, hormis dans les grandes familles ou dans les entreprises propriétés de la même lignée depuis des siècles, la nécessité de transmettre un patronyme peut paraître désuet de nos jours. Pourtant, elle subsiste. Serait-ce une manière pour l'Homme d'avoir l'impression de continuer à exister à travers ses descendants qui porteront son nom, même après sa mort ? Un désir d'une certaine forme d'immortalité à travers ceux qui perpétueront ses gènes et peupleront la Terre bien après lui, encore et encore, de génération en génération ? Un refus de disparaître complètement, en somme.

- Avoir un enfant : un désir qui peut-être réfléchi chez l'Homme

L'humain est plus complexe que d'autres espèces. Chez quelle espèce de mammifère peut-on voir la femelle tuer à la naissance un petit parfaitement viable, sans qu'il n'y ait une période de famine, bref au mépris de tout instinct visant à faire perdurer la race ? L'espèce humaine. Là aussi des mécanismes complexes entrent en compte dans l'esprit de ces mères infanticides, plus forts que l'instinct de protection. L'amour maternel universel et absolu est un mythe. On peut être mère et ne pas aimer son enfant (voire l'aimer mais ne pas pouvoir s'empêcher de lui faire du mal).

Qu'il s'agisse de l'instinct visant à se reproduire ou, dans la même lignée, de celui visant à protéger son « petit » pour faire perdurer l'espèce, celui-ci n'est pas le seul moteur chez l'humain. Comment expliquer qu'un adulte ayant connaissance d'une maladie génétique dont il souffre décide de ne pas avoir d'enfants biologiques pour ne pas prendre le risque de leur transmettre potentiellement ladite maladie ? Un acte de responsabilité ? D'amour vis-à-vis de ces enfants qui du coup n'existeront jamais ? Un acte réfléchi en tout cas.

Chez l'Homme, avoir un enfant, devenir parent, ne se limite pas au fait de se reproduire. Dans un registre positif cette fois, on peut citer l'exemple de ces personnes qui reconnaissent un enfant avec lequel ils n'ont aucun lien de sang, aucun gène commun. Ou ces couples qui adoptent un enfant venant d'un autre pays, parfois même avec une couleur de peau différente de la leur. Impossible de se méprendre, dès le premier coup d'œil, on devine que le gamin n'est pas l'enfant biologique de ses parents. Vont-ils pour autant moins l'aimer que s'il s'était agi de leur « propre chair » ? Pour avoir quelques cas de familles adoptives dans mon entourage, je peux affirmer que non. Pour ces parents, se reproduire n'est pas une finalité. Avoir un enfant, si. On s'éloigne bien de la reproduction animale dictée par l'instinct de perpétuer ses gènes.

Tous les cas de figure semblent envisageables. Alors pourquoi ne pas admettre que l'on puisse se reproduire mais qu'on ne le veuille pas ? Certaines femmes ne sont pas faites pour devenir des mères, de même que certains hommes ne sont pas faits pour devenir des pères : ces personnes en ont la possibilité physique pourtant. Mais pouvoir et vouloir sont deux choses différentes !

Alors, faire passer l'épanouissement de chacun (et en particulier celui des femmes) par le fait d'avoir des enfants est une aberration. C'est vrai pour certains, mais ce n'est nullement une vérité universelle ! La capacité de réflexion, d'analyse, de connaissance de soi, nous guide au quotidien dans nos choix, à nous d'écouter cette voix intérieure plutôt que les sirènes de la société qui nous crient de nous reproduire sans réfléchir.

Certaines caractéristiques sont rédhibitoires pour être un bon parent

- Je n'aime tout simplement pas les enfants !

J'avoue que la première raison pour laquelle je n'envisage pas de faire des gosses, c'est tout simplement parce que je n'aime pas et n'ai jamais aimé les enfants. Ni les bébés, bruyants, sales, sans intérêt, ni les enfants, turbulents, posant des questions en tous sens, testant vos limites en permanence. Je ne suis pas patiente. Je ne suis pas maternelle. Les cris d'un bébé m'horripilent, ses grimaces m'insupportent et voir un mioche ne me touche pas davantage que de passer devant une botte de radis sur un étal du marché. Je l'assume. Et surtout je ne pense pas être la seule.

Une copine m'a raconté que son mari avait un jour eu maille à partir avec un mioche turbulent qui faisait le tour du bloc d'étagères dans un rayon de supermarché, le bousculant à chaque passage. Bref, le parfait gosse pas élevé qui pense être le roi du monde (la faute en incombe aux parents). Au premier passage, le mari de mon amie a sermonné verbalement le gamin. Au deuxième, voyant que l'enfant refaisait exactement la même chose, il a simplement tendu la jambe en travers du passage : splash ! Il y a gagné une bonne tranche de rire, le bambin n'en revenait pas mais il a peut-être retenu la leçon...

Si vous n'avez pas envie de prendre dans vos bras le bébé de votre copine qui veut que vous le portiez, pourquoi ne pas le dire, simplement ? Personnellement, je l'ai fait à plusieurs reprises. Tant pis si les parents se vexent. Je n'éprouve pas cette fascination tendant au gâtisme qui pousse certaines personnes à se mettre à quatre pattes devant la poussette d'un gamin, à lui parler alors qu'il ne comprend pas un mot. Pendant longtemps, je me suis étonnée de ces réactions que je n'arrivais pas à comprendre. J'ai compris le jour où, invitée par une amie à venir voir une portée de chatons chez elle, je me suis retrouvée à quatre pattes sur le tapis, émue devant ces petites boules de poils avec l'envie irrépressible de les câliner, de les toucher. Je ne ressens jamais cela pour un bébé, mais au moins à présent je comprends cet élan qui anime certains. J'admets même que l'on puisse ne pas craquer devant le minois d'un chaton, après tout, le visage d'un bébé ne me fait rien, c'est le même phénomène : on ne choisit pas ce que l'on aime ou pas.

Allons plus loin, pour ceux qui essaient encore de me convaincre : « Tu verras, avec tes enfants, ce ne sera pas pareil. » Ah bon ? Et si c'est pareil justement, il y a un bordereau de retour livré avec j'espère ? Je fais partie de ces quelques personnes qui n'aiment pas les enfants et l'assument. Au point de rigoler un bon coup quand l'un de ces énergumènes se vautre devant moi (après que sa mère lui ait répété dix fois d'arrêter de courir...), ou de ne pas essayer de me garer avec mon caddie dans les allées d'un supermarché quand un bolide d'un mètre zéro cinq fonce droit sur mon chariot en fer. Je prends plutôt un pari : qui dans le match « gamin contre caddie » va l'emporter ? En général, surtout si le caddie est en métal, c'est « caddie : 1, môme : 0 ». Méchante ? Dans la mesure où voir chuter une personne âgée ou handicapée ne me procure aucun amusement, j'en conclus que pour ma part, ce sont vraiment les gamins qui m'insupportent !

- Devenir un bon parent nécessite d'être pourvu de certaines qualités

Sans doute suis-je individualiste, égoïste et dépourvue de sentiment maternel, mais au moins en ai-je conscience. Combien de personnes, dépourvues des qualités nécessaires pour devenir un parent responsable (parce que juste se reproduire, c'est facile), s'obstinent pourtant à enfanter ? Là, je pars du principe que les parents ont pour objectif de « bien faire le job » (enfin, le mieux possible) et qu'ils ne pondent pas des gamins à la queue leu leu pour encaisser des allocations.

Bref, que va-t-il vous falloir dans votre mallette de « bon parent » ? De la patience au kilo (allez, à la tonne), de l'empathie pour ne pas rire de petits bobos qui paraissent insignifiants à quarante ans mais sont des drames à quatre, une certaine fermeté pour rester maître du navire (sinon votre enfant deviendra un iceberg et votre maisonnée le Titanic), une grande capacité à s'oublier soi-même, que ce soit du point de vue du temps libre, des envies spontanées... Et aussi la force de renoncer à une part de liberté parce que le lien avec votre enfant existera pour la vie (ce qui n'est pas forcément le cas avec votre conjoint).

Pour ceux qui ont la vocation parentale, les sacrifices peuvent paraître minimes au vu des bonheurs qu'ils découvrent et c'est tant mieux. Mais imaginer qu'avoir un enfant c'est « facile » ou que cela « ne changera rien à notre vie » c'est une grossière erreur. Un enfant, cela change TOUT, et cela tous les parents vous le diront ! Alors, si votre vie vous semble parfaite comme elle est à cet instant T où vous n'avez pas d'enfants, réfléchissez avant de vouloir la bouleverser.

Si vous n'êtes pas patient, si vous êtes incapable de mettre votre liberté de côté, si faire passer vos besoins au second plan après ceux d'un autre individu vous horrifie, pourquoi vouloir devenir parent ? Quel bénéfice en retirez-vous ? Et l'enfant ? Tant que vous faites le choix de ne pas vous reproduire, votre décision n'engage que vous. Si vous choisissez d'enfanter, un deuxième être (et sans doute un troisième : le partenaire avec qui vous aurez l'enfant) seront impliqués dans votre décision.

Une certaine stabilité s'avère également nécessaire, aussi bien sur le plan pratique (professionnel, financier) que sur les plans émotionnel et sanitaire : certains troubles, physiques ou psychiques, présentent un caractère génétique. Est-il bien sage de se reproduire quand on vient d'une famille où l'on dénombre plusieurs malformations ou pathologies dues à des maladies transmissibles de génération en génération ? Peut-être les enfants à venir y échapperont-ils. Peut-être pas. Les désordres mentaux sont aussi à prendre en compte : quand on en est à la troisième génération de dépressifs profonds ou de bipolaires, ne vaut-il pas mieux arrêter là la lignée ? Le caractère transmissible par les gènes des troubles mentaux fait débat, mais on peut déjà deviner que le mental d'un gamin qui grandit au milieu de parents névrosés ou psychotiques, avec des oncles dépressifs, une tante suicidaire et des grands-parents du même acabit, risque d'en prendre un coup. Je ne prône pas l'eugénisme, simplement la réflexion de ces adultes qui disent vouloir le meilleur pour leur enfant mais sont prêts à lui infliger des souffrances qu'eux-mêmes ne connaissent que trop bien pour les vivre au quotidien.

- Faire un enfant avec une personne qui n'est pas faite pour être parent

Si c'est votre moitié qui présente les caractéristiques citées précédemment, êtes-vous sûr/sûre de faire le bon choix en construisant une famille avec elle/lui ? Ce n'est pas parce que votre compagnon, Mesdames, est un bon amant qu'il fera un bon père (ni forcément un bon mari non plus...), et l'inverse est tout aussi valable. Il est trop facile de projeter sur l'autre ses propres désirs, de vouloir à tout prix le faire rentrer dans une case. On peut être amoureux mais s'apercevoir que l'autre, qui nous rend heureux en tant que partenaire, ne présente pas le profil adéquat pour devenir un parent (s'il est immature par exemple, incapable de stabilité, dépourvu de patience... ou s'il montre clairement que les enfants l'insupportent). Un choix peut s'imposer, en amour, on ne peut pas tout avoir, et on le sait en général... Il incombe à chacun de décider s'il privilégie une belle relation épanouissante, en se doutant qu'envisager de faire des enfants avec ladite personne serait une mauvaise idée, ou s'il choisit sciemment un partenaire qui présente le même désir d'enfant, peut-être au détriment d'autres aspects de la relation. Il existe des cas de relation « parfaite » avec deux partenaires qui s'adorent, se complètent, sont fusionnels, et partagent le même désir d'enfant. C'est idéal. Mais ce n'est pas toujours le cas, bien souvent les couples ne sont pas au diapason sur cette question pourtant cruciale.

Il reste toujours la possibilité de « tenter le coup », même si Jules vous paraît un peu immature pour être papa, mais bon, vous en avez tellement envie de votre côté... C'est un coup de poker. Peut-être que la paternité métamorphosera l'enfantin Jules en un père responsable. Ou pas. Si ce n'est pas le cas, est-il besoin de lister ce qui vous attend ? Au mieux, gérer deux enfants : le bébé et le « papa », sans pouvoir vous appuyer sur une épaule solide. Au pire, voir Jules prendre la poudre d'escampette, effaré par ce rôle trop grand pour lui ou lassé de passer après bébé alors qu'il recherche lui-même un substitut de mère. C'est la même chose que de se mettre avec un coureur de jupons notoire en se disant « Je le ferai changer, avec moi il sera fidèle ». Peut-être... Mais si vous accordez de l'importance à la fidélité, est-ce bien judicieux d'entamer une histoire avec un être volage ? La désillusion dans le cas de cette relation n'impactera que vous. Dans le cas de la fondation d'une famille, l'enfant en paiera aussi le prix...

Maltraitances en tous genres

- Ces « maladresses » qui laissent de grandes traces

Que se passe-t-il quand des personnes qui ne sont pas faites pour être parents enfantent ? Sans aller jusqu'au cas extrême des enfants battus, abusés, abandonnés ou tués, certains « maladresses » parentales sont lourdes de conséquences et peuvent déboucher sur des blessures profondes.

Bien sûr, moi qui n'aime pas les gosses, je n'éprouve aucun remords à éclater de rire face au déguisement ou à la coupe hideuse d'un gamin déambulant dans l'espace public. Il faut dire que certains sont impayables ! Mais quand on est parent, il faut prendre sur soi (même si l'amour aveugle des débuts laisse place à une certaine lucidité, lucidité qui vous oblige à réaliser que votre petit Mathis n'est pas la créature parfaite que vous aviez imaginée). Faire des remarques récurrentes, même sur le ton de la plaisanterie, sur les petits défauts physiques de l'enfant, sur ses lacunes en orthographe dues à la dyslexie, autant d'exemples qui peuvent paraître anodins aux parents, et pourtant... Quel message l'enfant va-t-il percevoir ? Que ses parents ne l'aiment pas tel qu'il est, qu'il les déçoit, voire qu'il est inférieur aux autres, moins digne de respect ou d'attention. L'image que les parents renvoient à l'enfant est la première impression qu'il aura de lui-même, et la première impression, ça compte beaucoup dans la construction personnelle.

Autre comportement à éviter : rappeler à l'enfant qu'il n'a pas été désiré. Que sa venue au monde soit la conséquence d'un accident, d'un choix irréfléchi, ou d'une tentative pour retenir le conjoint, l'enfant n'y est pour rien. Très vite, il va cependant comprendre qu'il n'a été qu'un caprice ou un outil, et qu'il n'a aucune valeur aux yeux de ses parents. Certains parents se rendent compte, un peu tard, qu'ils ne parviennent tout simplement pas à aimer leur enfant. Sans être maltraitants au sens propre, ils n'offrent pas à leur rejeton ce que celui-ci pourrait attendre de ceux qui ont décidé de sa venue au monde. Parce qu'ils n'ont eux-mêmes pas reçu d'amour, parce qu'ils vivent avec une relation à l'autre compliquée, ces parents sont incapables de donner de l'amour (et parfois d'en éprouver). L'enfant va donc se construire tant bien que mal, avec un vide à combler, même s'il est décemment nourri, habillé et éduqué.

Un cas de figure très malheureux est celui des parents qui adoptent un enfant et s'aperçoivent que « ça ne prend pas » : l'enfant ne s'intègre pas, le lien ne se créé pas (sans même parler des cas extrêmes où l'enfant adopté souffre de graves troubles du comportement nécessitant son placement). Faire reposer la faute sur les seuls parents serait une simplification abusive : l'enfant, de par son vécu (dont il n'est lui-même pas responsable) peut mettre une barrière empêchant la création d'une relation forte et aimante. Parfois aussi, les parents ont tellement attendu de cet enfant (en terme d'espoir, de temps, d'investissement, l'adoption étant une démarche longue) qu'ils sont « déçus » que le résultat ne soit pas le petit cocon de bonheur familial tant espéré. Un sentiment, plus ou moins conscient, que l'enfant adopté leur est redevable de quelque chose peut s'ajouter. Sentiment qui, s'il est deviné par l'enfant, risque de le braquer davantage contre ces personnes auxquelles il n'a rien demandé ! Ce sont eux qui voulaient, désespérément, un enfant... Ont-ils malheureusement trop attendu de cet enfant si longtemps imaginé ?

- Baisser les bras sur l'éducation

Il existe diverses manières de maltraiter un enfant, sans forcément recourir aux violences physiques qui sont suffisamment parlantes pour que je n'insiste pas dessus.

Le délaissement est une de ces formes de violence : je ne parle pas ici de l'abandon, qui dans certains cas peut être dicté par la nécessité ou l'impossibilité du parent de s'occuper convenablement de son enfant, mais du comportement visant à laisser l'enfant livré à lui-même. Inutile d'imaginer une cave sombre et un gamin enchaîné au mur comme on le voit dans les faits divers. Le délaissement commence quand le parent ignore sa responsabilité dans l'éducation de l'enfant et l'impact que peut avoir ce vide sur l'avenir du futur individu. Pas de règles, pas de remontrances, un désintérêt total pour ce que fait l'enfant peut pousser celui-ci à transgresser toujours davantage les limites, dans le but de trouver, enfin, le mur qui marquera la présence d'un parent, d'un repère sur lequel il pourra s'appuyer pour se construire.

Soyons clairs, l'éducation n'est pas un sprint, pour faire une comparaison « sportive » il faudrait plutôt envisager le marathon : c'est un effort de longue haleine, sur des années. Tout parent, à bout parce qu'il a cumulé une journée de merde au travail, une engueulade avec le partenaire, un découvert bancaire et une panne de voiture, peut un soir craquer en s'apercevant que son cher petit Léo est d'humeur provocatrice et s'apprête à en rajouter une couche à l'heure du dîner, seul moment de répit dans cette journée maudite. Alors, ledit parent, parce qu'il est simplement humain, abandonne la partie et laisse son gamin s'empiffrer de pizza devant des jeux vidéo débiles jusqu'à une heure du matin. Que le parent qui n'a jamais connu un moment similaire se lève et en apporte la preuve ! Le problème apparaît quand ce genre de comportement se répète, jusqu'à devenir un mode de fonctionnement.

Parce que « trop fatigués », « dépassés », « eux-mêmes en manque de repères », certains parents baissent les bras pour de bon (sans parler de ceux qui ne les ont même jamais levés !) : l'enfant fait ce qu'il veut, il a le sentiment que tout le monde s'en fout, et c'est un peu vrai. On rigole en voyant certaines émissions un brin voyeuristes montrant des familles dépassées faisant appel à des « nounous » ou des « éducateurs » pour tenter de reprendre le contrôle sur un enfant ou un ado qui fait vivre l'enfer aux siens. On rigole moins quand cela arrive chez soi, et ces familles ont au moins le courage de regarder la vérité en face et de demander de l'aide.

La comparaison va en choquer certains mais un gamin, c'est un peu comme un chien pour certains aspects de l'éducation : si vous laissez votre labrador s'installer sur le lit, « juste pour cette fois », il sera bien difficile la nuit suivante de lui expliquer que les règles ont changé. Il y a de fortes chances pour que vous cédiez encore, juste pour une fois promis juré... Et un an après, Sammy le chien aura ses habitudes sur votre lit. Un gamin fonctionne de la même manière : si un adulte ne se sent pas capable de fixer un cap et de le tenir, malgré les tentatives du rejeton de forcer les limites, malgré la fatigue et l'envie d'acheter une certaine paix au foyer, est-il prêt pour être parent ? Si l'on s'en tient au comportement de nombreux enfants dans l'espace public, sous les yeux blasés et cernés de leurs parents lobotomisés, beaucoup n'ont pas dû envisager cet aspect de la question avant d'arrêter la contraception.

- Violences physiques et psychiques

Les faits divers nous offrent régulièrement de gros titres portant sur des infanticides, des actes de cruauté commis par des parents sur leurs enfants (coups, séquestration, privations...), du harcèlement moral, des brimades et humiliations, des violences sexuelles au sein de la famille... La plupart du temps, on en conclut que les parents incriminés sont des « dingues », n'ayant rien en commun avec « les gens normaux ». Ne serait-ce pas un peu plus compliqué que ça ? Ces individus ont-ils toujours eu des penchants violents ou criminels ? Pour certains, oui. Certains « pères de famille » violent indifféremment leur femme et leurs filles. Certaines « mères » maltraitantes démontrent des penchants au sadisme dans leur entourage, en-dehors de leurs enfants. Mais pour d'autres, qui paraissaient « normaux » jusque-là, la venue d'enfants n'aurait-elle pas déclenché chez eux quelque chose (dont l'enfant n'est pas responsable) qui les a fait « basculer » ? Il y avait sans doute un terrain favorable à ces penchants. On voit même des cas où un seul enfant de la fratrie est victime de sévices alors que les autres sont élevés normalement. Le vilain petit canard, celui qui rappelle à ses parents quelqu'un dont ils veulent se venger ? Celui qui paraît être un « raté », celui qui n'a pas été désiré ? Que représente cet enfant aux yeux de ses parents pour devenir ainsi un bouc-émissaire, lui et pas ses frères ou ses sœurs ?

Certains parents maltraitants avouent avoir eux-mêmes été battus ou violentés dans leur enfance. Ils ne feraient ainsi que « reproduire un schéma ». Je veux bien croire que l'absence d'amour pendant l'enfance, et a fortiori la violence, ne donnent pas les bases permettant à un individu de s'épanouir et à son tour d'aimer et de chérir les siens. Néanmoins, tout excuser par le vécu, notamment la reproduction d'une violence déjà subie, serait par trop simpliste : nombre d'enfants martyrisés deviennent des parents bienveillants et aimants (et on ne peut que dire chapeau !). Mais quand on a soi-même vécu des traumatismes laissant des traces durables, n'est-il pas sage de s'interroger sur sa capacité à briser ce schéma se reproduisant d'une génération à l'autre, et peut-être, si l'on a de sérieux doutes sur sa capacité à

« faire autrement » que ce que l'on a connu, s'abstenir de faire des enfants ? Le plus triste est que ceux, anciens enfants maltraités, qui en arrivent à ce niveau de réflexion jusqu'à renoncer parfois à enfanter, par peur de leur comportement possible, montrent qu'ils ont acquis un niveau de conscience et de réflexion qui leur aurait vraisemblablement évité de tomber à leur tour dans la maltraitance. Ceux qui ne se posent pas la question, et font des enfants, sont parfois ceux qui auraient mieux fait de s'abstenir !

Certains parents maltraitants font-ils sciemment des enfants dans le but d'avoir des victimes sous la main ? La venue d'un enfant, avec ce qu'elle représente (sacrifices, responsabilité totale d'un autre être, autorité) ne ferait-elle pas basculer certains et certaines vers la violence ? L'enfant, en toute innocence, devient un objet de jalousie, de rancœur, et un défouloir potentiel. N'est-ce pas grisant, pour une personnalité à tendance narcissique, dominatrice ou sadique, d'avoir à portée de main un être sans défense, que l'on peut détruire à sa guise ? Après tout, c'est « leur » enfant, ils en font ce qu'ils veulent, semblent penser certains parents maltraitants.

Hormis l'indifférence et la haine simple, certains autres comportements, revendiqués comme de l'amour s'avèrent aussi toxiques : possession poussée à son maximum, amour fusionnel à la limite (ou carrément) incestueux... Certains parents maltraitants (je pense en particulier aux mères infanticides) disent aimer leur enfant malgré ce qu'ils leur font subir. N'y a-t-il pas là un paradoxe, issu de sentiments complexes dans l'esprit de parents qui finissent par ne plus considérer leur enfant comme un sujet mais comme un objet qui leur appartient, jusqu'à pouvoir en faire ce qu'ils veulent ? Des troubles psychiques, des traumatismes encore présents, des souffrances non réglées se transforment en actes de cruauté sur cet être qu'ils ont créé et qui dépend d'eux : l'enfant.

8/ Faire un enfant : un choix égoïste

Créer un nouvel individu sur Terre, une fausse bonne idée ?

- Nous sommes déjà trop nombreux !

Nous sommes actuellement, à l'heure où j'écris ces lignes, 7 milliards 600 millions et quelques centaines de milliers d'humains sur Terre. Le 2 août 2017, notre planète a atteint le stade où elle ne pouvait plus répondre aux besoins de l'humanité. Des ressources naturelles surconsommées, une pollution qui envahit tous les milieux, la déforestation... et surtout l'augmentation de la population en sont la cause. Aujourd'hui, c'est une réalité, nous sommes trop nombreux sur notre planète !

Il y a toujours des enfants qui meurent victimes de la famine, ou grandissent avec des troubles sévères liés à la malnutrition. Les causes en sont multiples : pauvreté, troubles climatiques, disparition des ressources naturelles dans certains pays... De telles images font ponctuellement la une des médias et sont généralement associées à des pays africains. Avec un petit don à une association, nous autres Occidentaux apaisons notre conscience et nous pouvons ensuite zapper sur une chaîne diffusant un programme plus gai. C'est si loin tout ça...

Et pourtant, si c'était notre avenir à tous ? Les conflits et les guerres ayant pour enjeux des ressources naturelles (accès à l'eau ou au pétrole par exemple) se multiplient. Nous ne nous en rendons pas compte, ou si peu, dans nos pays développés car nous accumulons les richesses et ce que nous ne pouvons produire, nous l'achetons. Mais la réalité est là : même si les ressources étaient également réparties entre tous les individus, il n'y aurait plus assez pour tout le monde. Alors, ajouter un être humain de plus, voire deux ou trois, est-ce franchement une bonne idée ? Faire un gamin aujourd'hui c'est participer à cette tendance du toujours plus nombreux, toujours plus vite, toujours plus tout. Et ce, au-delà du raisonnable d'un point de vue naturel.

Pour répondre à ceux qui vont me dire que ce genre de mode de pensée, s'il était répandu, mènerait à l'extinction de l'espèce humaine, je soulignerais que certaines espèces se sont éteintes par le passé, parce que leur mode de fonctionnement, leur alimentation, leur population, n'était plus en corrélation avec ce que la Terre pouvait offrir. L'espère humaine ne dérogera pas à la règle ; si les dinosaures, géants qui ont régné en maîtres pendant des millions d'années, ont fini par disparaître, pourquoi croire que nous y échapperons ? Une espèce a vocation à apparaître, évoluer, et un jour laisser la place à d'autres, c'est le cycle de la nature. Notre orgueil démesuré tend simplement à nous faire oublier que sur notre planète, nous ne sommes qu'une espèce parmi d'autres.

Il est temps d'ouvrir les yeux : plus on fait d'enfants, plus on scie la branche sur laquelle on est assis. La planète a ses limites, c'est ainsi, et dans la mesure où il ne nous est pas possible d'aller nous installer ailleurs (Mars ne s'est pas révélé plus habitable que la Lune), nous ferions bien d'en tenir compte et de dépasser nos caprices qui nous poussent à faire ce que nous voulons, quand nous le voulons (y compris des gosses par millions), sans nous soucier des conséquences pour l'avenir, et dont ces chers petits eux-mêmes pâtiront !

- L'espèce humaine est nuisible

Si vous cherchez dans le règne animal une espèce qui soit capable d'anéantir par millions et de manière organisée ses semblables, vous n'en trouverez qu'une : l'espèce humaine. Le « cerveau supérieur » (enfin ça ce sont des Hommes qui le disent) de cette espèce l'a rendue apte à concevoir les projets les plus monstrueux et à les mettre en pratique. Guerres, génocides, tortures...

sont l'apanage de l'Homme. Il ne s'agit pas de nier l'existence de la violence dans la nature (elle y est omniprésente), mais de faire une différence entre la violence « nécessaire » (le lion qui tue une gazelle pour se nourrir) et celle dictée par la haine ou le sadisme. L'Homme est censé être doté d'une capacité de raisonnement qui le différencie des animaux... et le rend d'autant plus responsable de ses actes. Or, à l'heure actuelle, qui nuit le plus aux autres espèces et à l'environnement ? Peut-être allez-vous me dire « les virus, les bactéries ». Mais certaines bactéries sont bénéfiques. Quant aux virus, je doute qu'ils disposent de la capacité de conscience. L'Homme n'a pas cette excuse. En connaissance de cause, il dégrade l'environnement, extermine des espèces, s'attaque à ses semblables. Par son souci de s'approprier les ressources, de plier la Terre à ses besoins, de la modeler à sa convenance, il détruit sa propre maison et met en péril l'avenir des générations futures et de la vie sur notre planète en général.

Alors, ajoutons-nous un petit caillou de plus dans la chaussure déjà bien douloureuse de l'humanité en produisant un nouveau petit être qui prendra la suite et poursuivra l'œuvre de destruction de ses aïeux ? S'il vous paraît normal de ne pas jeter de papiers sales en forêt, d'éteindre le robinet quand vous avez fini d'utiliser l'eau, ou de recycler vos déchets, songez que le fait d'avoir un enfant aura un impact autrement plus négatif sur notre planète... Le rapport du GIEC (Groupe d'Experts Intergouvermental sur l'Évolution du Climat) sorti en octobre 2018 a donné lieu à une infographie polémique de l'AFP, indiquant que, dans la réduction de l'empreinte carbone, le fait de faire un enfant en moins arrive, niveau efficacité, bien devant le fait de recycler ou l'abandon de la voiture à essence ! Il a suscité un tollé, et pourtant cet article reprend les résultats d'une très sérieuse étude publiée en 2017 dans la revue scientifique « Environmental Research Letters ».

Bien sûr qu'un gamin est polluant, dès sa première année, il va consommer une montagne de couches et ce n'est qu'un exemple. Plus tard, il contribuera un peu plus à la course à la consommation effrénée, en achetant appareils non recyclables à la mode, en voyageant, en nécessitant la production de matériaux et de substances polluants pour se nourrir et s'habiller. Vous allez me dire que ce gamin, élevé par des parents aux valeurs écolos, sera peut-être un ardent défenseur de la planète, locavore et adepte de la décroissance, mais sur la quantité d'enfants qui naissent, combien deviendront ces adultes-là ?

Je profite de ce passage pour rebondir sur la question des valeurs à transmettre à sa progéniture : dans un monde clairement impitoyable, quelles notions comptez-vous transmettre à votre enfant ? Devenir un prédateur pour maximiser ses chances de s'en sortir ? Être honnête, juste, loyal, au risque de se faire bouffer par des individus qui ne s'encombreront pas de ces principes ? Pour ma part, j'aurais été bien en peine de choisir, n'ayant pas l'envie que mon enfant devienne un salopard ni une victime...

- Et si votre enfant devient un monstre ?

Les plus grands « monstres » ont tous été les enfants d'un père et d'une mère, qu'il s'agisse de tueurs en série comme Jack l'Éventreur, de dictateurs sanguinaires, de génocidaires impitoyables. À moins que les parents eux-mêmes aient quelques soucis dans leur boîte crânienne, rares sont ceux qui imaginent que leur enfant puisse devenir un *serial killer*, un tueur de masse ou un sadique jouissant de la souffrance de ses victimes. Et pourtant... Des études ont tenté de découvrir s'il existait des « gènes criminels » ou un « gène de la violence », avec des résultats mitigés. En bref, jusqu'à preuve du contraire, il est impossible de prédire si votre enfant sera un ange, un humain « normal » ni foncièrement bon ou mauvais, ou un monstre.

Sans atteindre ces extrêmes, vous est-il possible de vous mettre une seconde dans la peau de parents d'un criminel, violeur ou assassin, qui croisent le regard des parents de la victime de leur fils/fille en sortant du tribunal ? Des gens « comme tout le monde » qui ont enfanté « un monstre » diront les journaux à scandale. Auraient-ils pu éviter que leur rejeton emprunte cette voie ? Par plus d'attention, d'amour, de compréhension ou au contraire de sévérité ? Pas sûr. Ce qui est certain, c'est qu'ils sont liés à lui, à tout jamais, par le sang et souvent par l'amour malgré tout. Difficile pour une mère, ou pour un père, de renier cet attachement profond à son « petit ». Mais quel déchirement cela doit être, quand l'avocat de la défense déballe avec force détails la liste des méfaits que votre enfant a commis, se délectant des sévices infligés aux victimes pour mieux convaincre les jurés. Vous, le parent de cet accusé, vous lui avez donné la vie. Sans imaginer une seconde qu'il ferait de l'existence que vous lui avez donnée, un véritable Enfer pour une ou plusieurs autres personnes. Vous sentirez-vous responsable dans ce cas ? À tort ou à raison, si la culpabilité s'installe, il faudra vivre avec. Avec le sentiment d'avoir « raté » quelque chose, même si probablement vous n'avez pas vu arriver l'horreur.

Parce que la valeur n'attend pas le nombre des années, certains bambins démarrent très tôt leur carrière de criminels : on a vu des enfants d'une dizaine d'années, ou moins, tuer sciemment un frère, une sœur ou un camarade de classe (je dis « sciemment » car les cas d'homicide par accident existent aussi chez les enfants). Très à la mode aussi, notamment aux États-Unis (la facilité d'accès aux armes y est peut-être pour quelque chose...), les tueries dans les écoles ou les universités, perpétrées par un élève qui décide un beau matin de faire un strike avec ses camarades et ses enseignants. Certains de ces gamins ont sans doute pâti de quelques failles dans l'éducation, de mauvaises influences, voire d'une faiblesse d'esprit qui en a fait des proies faciles pour des « influenceurs » toxiques, n'empêche, quel parent irait imaginer qu'un jour, celui qui fera la une des actualités télévisées, pour les raisons précitées, recherché ou déjà abattu par les forces de l'ordre, sera SON enfant ?

Les « mauvaises raisons » d'avoir un enfant

- Faire un enfant pour sauver son couple

Soyons clairs, si vous pensez que votre couple a besoin d'être « solidifié », c'est sans doute qu'il bat sérieusement de l'aile. Or, la naissance et les premiers mois du bébé agissent comme un catalyseur qui tend à exacerber les tensions et problèmes existants. Certains couples qui se pensaient pourtant stables n'y résistent pas, alors imaginez pour des couples qui ne tenaient plus qu'à un fil... Certains psychologues parlent aujourd'hui de « baby-clash » pour évoquer cette crise pouvant aboutir à la séparation du couple dans les premiers mois après la naissance du bébé. On peut aisément imaginer que les couples concernés par cette rupture post-arrivée de bébé n'étaient pas les plus solides, sans doute connaissaient-ils déjà des passages à vide. Mais en connaissance de cause, comment imaginer que « faire un enfant » peut sauver un couple qui est déjà en crise ?

Derrière le terme de « solidifier son couple » se cache souvent le désir de garder l'autre alors que l'on sent qu'il veut partir. Le comportement peut venir de l'homme, qui espère en donnant à sa femme la possibilité d'avoir le morveux qu'elle désire, qu'elle restera attachée à lui car il sera le père du rejeton... Le risque est alors que la femme une fois mère ne voit plus « l'intérêt » de garder une relation avec le géniteur de son petit trésor. Le terme peut choquer mais l'homme est alors utilisé comme un reproducteur simple qui, une fois son rôle rempli, n'a plus qu'à disparaître du paysage. Le phénomène existe aussi, et est même assez répandu, dans l'autre sens : la femme s'arrange pour tomber enceinte (en ayant ou non consulté son compagnon sur le sujet) afin de « garder » son homme qu'elle sent prêt à partir... Deux options se présentent : le père peut rester par sentiment de devoir, pendant les jeunes années de l'enfant, mais il y a fort à parier qu'une fois le gamin un peu plus grand, il demandera la séparation (et quelle sera la qualité de ces années de vie de couple « par devoir » ?), la seconde option est plus directe : l'homme prend la poudre d'escampette et disparaît dans la nature comme s'il avait le diable à ses trousses.

Faire de l'autre le « père » ou la « mère » de ses enfants, en espérant que ce statut l'attachera à soi est un pari que certain(e)s tentent, avec plus ou moins de succès... Et quand ça ne marche pas, inutile de faire sentir à l'enfant que son arrivée n'a finalement « servi à rien », ainsi que l'a gentiment dit la mère d'une de mes amies à sa fille, qui était tombée enceinte d'elle pour garder son amant du moment. La méthode s'étant avérée infructueuse, elle a franchement avoué à sa fille quelques années plus tard : « Comme ton père était parti, tu ne servais plus à rien. Mais je t'ai gardée quand même, pas le choix, il était trop tard pour avorter » (sic) !

- Devenir parent pour avoir de l'amour

À première vue, amour et parentalité semblent faire bon ménage. Mieux, avoir de l'amour à donner et être prêt à en recevoir sont des conditions sine qua none pour avoir un enfant. « J'ai tellement d'amour à donner » entend-t-on parfois dans la bouche de ceux qui veulent des enfants. OK, tu as de l'amour à donner à ton futur enfant, c'est super et ça vaut mieux. Le fond du problème est plutôt à chercher du côté de ce qui peut se cacher derrière cette phrase. N'y a-t-il donc pas d'autre moyen de « donner de l'amour » que d'avoir des enfants ? On peut donner de l'amour à un conjoint, à un animal (voire à une flopée d'animaux abandonnés), à des adultes dans le besoin, des personnes âgées esseulées... Celles et ceux qui travaillent dans certains métiers (certaines vocations devrais-je dire plutôt) le savent : il faut avoir beaucoup d'humanité, d'empathie et une grosse réserve d'amour pour créer des liens et apporter du soin ou du réconfort à d'autres êtres vivants. « Donner, sans rien attendre en retour » comme dit la chanson.

Et c'est bien cela qui me chiffonne avec ces personnes qui veulent un enfant « parce qu'ils ont tellement d'amour à donner » : premier point, leur choix aurait pu se porter sur d'autres options que de faire un gosse pour donner de l'amour, deuxième point, ne s'agirait-il pas plutôt de la recherche d'une relation d'amour fusionnelle et réciproque ? Bien sûr, il paraît évident que tout parent (ou presque) souhaite que son enfant l'aime. Mais parfois l'idée de créer un être à partir de rien émane d'un profond sentiment de solitude que même l'enfant ne pourra pas combler.

Certaines femmes délaissées par leur conjoint se réfugient dans la maternité pour trouver cet amour qu'elles espéraient recevoir de la part de leur mari. Là, on mélange tout. De la même manière qu'on ne prend pas un chien juste pour « avoir quelqu'un qui vous attend quand vous rentrez chez vous le soir » (le chien, lui, passe sa journée tout seul à vous attendre...), faire un gosse pour pallier le vide de sa vie affective comporte des risques. Notamment celui de faire reposer une responsabilité inadaptée sur les épaules de l'enfant. « Tu es toute ma vie » entend-t-on parfois dans la bouche d'un parent à l'attention de son rejeton : n'est-ce pas un peu lourd pour un petit bout ? Ne va-t-il pas se sentir investi d'une mission à votre égard, voire se croire responsable de votre bonheur... ou de votre incapacité à y accéder ?

Par ailleurs, et cela arrive plus souvent qu'on ne le croit, un enfant peut ne pas aimer ses parents ou l'un de ses parents. L'amour filial n'est pas automatique. Même si vous avez fait de votre mieux pour lui ou pour elle, votre fils ou votre fille n'éprouvera peut-être qu'indifférence, rancœur, ou agacement à votre égard. Et si une rupture profonde et durable s'installe, vous aurez peut-être même à faire face à la haine. C'est quoi le pire pour une personne en mal d'amour : ne pas avoir d'enfant ou avoir un enfant qui ne l'aime pas, voire la déteste ? Une chose est sûre, avoir un gamin, ce n'est pas le billet gagnant à tous les coups pour s'assurer de nager dans un cocon d'amour.

- Avoir un enfant pour « ne pas mourir seul »

C'est la question que m'a posée un jour un collègue quand je lui ai indiqué que les gosses ne faisaient pas partie de mes projets de vie : « Mais tu n'as pas peur de finir seule ? » Seule, à quel point de vue ? Du couple ? Je pense sincèrement qu'il y a plus de risques de finir seule en faisant un gamin dans le dos de son conjoint qu'en ayant une relation avec une personne qui est au courant de votre choix du « pas d'enfant ». Par ailleurs, être parent ne garantit absolument pas de rester en couple, ainsi que je l'ai gentiment indiqué à mon collègue indélicat : « Ton épouse, la mère de tes enfants, est toujours une femme. Ce n'est pas parce qu'elle est la mère de tes enfants qu'elle restera toujours avec toi. » Sous-entendu, surtout si tu ne fais pas ce qu'il faut pour que votre relation reste épanouissante, un fil à la patte ne fonctionne pas toujours...

Reste la question de la solitude en vieillissant, du fait de l'absence de descendance. Une référence sera pour moi toujours liée à cette problématique : celle des centaines de corps de personnes âgées décédées en maisons de retraite et hôpitaux lors de la canicule de 2003 et non réclamés par les familles. Combien de ces personnes étaient déjà délaissées de leur vivant, livrées à leur sort dans des mouroirs, sans visite, ni message, ni appel d'aucune sorte ? Dans certaines cultures, le soin apporté aux anciens fait partie du quotidien. Ce n'est plus le cas dans nos sociétés occidentales « développées ». Avoir des enfants ne vous garantira pas que ceux-ci prendront soin de vous lors de vos vieux jours ; si vous êtes chanceux, peut-être mettront-ils la main à la poche pour compléter votre retraite de misère afin de vous payer un hébergement dans une structure adaptée.

Vous avez plusieurs enfants et petits-enfants et vous pensez donc que, sur la quantité, il y en aura bien un ou une qui vous gardera chez lui ? C'est ignorer le sentiment de « dilution de responsabilité » : vous savez, ce sentiment qui pousse les individus dans un wagon de train blindé de monde à détourner le regard face à une agression... en pensant « quelqu'un d'autre va bien réagir, pourquoi moi plutôt que mon voisin ? ». C'est pareil dans les familles ! Tom va penser que c'est à Nina de prendre Mémé chez elle, parce qu'elle ne travaille pas. Nina arguera qu'avec trois enfants, elle n'a pas le temps de s'occuper de Mémé, donc elle demandera à Michel d'accueillir Mémé. En plus, Michel gagne bien sa vie et il a toujours été le « préféré » de Mémé. Mais Michel a un métier prenant qui l'oblige à beaucoup voyager et il ne peut pas s'occuper d'une dame âgée. Reste Jean, le dernier, mais il habite loin et a déjà tellement de soucis avec son fils asthmatique... Mémé finira à l'hospice, avec 4 enfants qui viendront à tour de rôle la voir pour Noël (une année chacun, ça va, c'est gérable... Tout en espérant secrètement à chaque fois que ce sera la dernière !).

Non, franchement, si je crève seule, au moins je saurai pourquoi !

Vouloir un enfant... au détriment de tout le reste

- Du désir à l'obsession

Pour certains, le désir d'enfant vire à obsession, à tel point qu'ils sont prêts à tout pour combler ce désir. Multiples examens médicaux, traitements aux effets secondaires lourds, changement de partenaire, grossesse menée à terme alors que l'enfant n'est pas viable ou que la vie de la mère est menacée... C'est à croire que ce désir peut se transformer en une tempête qui balaye tout sur son passage.

Pour ceux qui ont du mal à procréer sans assistance médicale, le chemin est souvent long et difficile. Tout se centre alors sur une chose : « tomber enceinte ». Au point de ne plus faire l'amour en dehors des périodes d'ovulation (vérifiées par test avant tout rapport, comme c'est romantique « Attends chéri, je vais voir si j'ovule, sinon tu peux oublier » !), de suivre un traitement hormonal qui fait prendre 10 kilos, de ne manger que des aliments « conseillés », de faire appel à des médecines parallèles parfois un peu charlatanesques (une amie m'a raconté avoir rencontré un « docteur » qui pratiquait des envoûtements pour faire tomber les femmes enceintes. Mon côté cartésien n'adhère pas, sauf si le docteur donnait de sa personne... ?).

Et finalement, plus l'obsession s'installe, plus il devient difficile de tomber enceinte ou de garder le fœtus jusqu'au terme. La psychologie humaine est ainsi faite, il suffit que l'on vous dise « Ne regarde pas en bas », pour que votre regard soit irrésistiblement attiré vers le précipice, ou que vous pensiez « Ne tombe surtout pas de vélo dans cette descente » pour que vous vous cassiez la gueule. Pour les grossesses, visiblement c'est pareil. Je connais plusieurs femmes qui sont tombées enceintes tout à fait naturellement après avoir adopté un ou plusieurs enfants (alors qu'elles ne souhaitaient plus nécessairement en avoir d'autres) : le fait d'assouvir cet irrépressible désir de maternité par l'adoption les a libérées mentalement et a permis à la nature de faire son boulot. Il suffit parfois de remplir les formulaires d'adoption pour que ce « miracle » se produise. Aux parents de voir ensuite s'ils poursuivent ou non les démarches...

Autre bonne nouvelle pour celles et ceux qui empruntent la longue route de la procréation médicalement assistée, c'est parfois tout ou rien : les embryons implantés ne prennent pas par exemple... ou au contraire, la fois suivante, vous attendez des jumeaux ! La nature est taquine quand même !

Là où l'obsession peut s'avérer lourde de conséquences, c'est quand les parents en arrivent à mettre en danger la santé de la mère ou du bébé pour devenir parents à tout prix. Poursuivre une grossesse en risquant sa propre vie est finalement un choix personnel. Mais poursuivre une grossesse quand on sait pertinemment que l'enfant serait atteint de pathologies handicapantes incurables est-il réellement un acte d'amour à son égard ? Avec les examens modernes approfondis et la possibilité d'avorter, les parents ont le choix. Au-delà de toute considération religieuse, c'est un choix terrible, à n'en pas douter, mais qui donne aux parents une responsabilité supplémentaire vis-à-vis de leur enfant. Si accepter de donner la vie à un enfant atteint d'une pathologie lourde est un acte courageux par toutes les conséquences qu'il entraînera par la suite et qu'il faudra assumer, je continue de penser que certains parents qui font le choix de l'avortement le font par amour. Un enfant gravement malade pourra peut-être signifier à ses parents qu'il apprécie d'être en vie, ou au contraire qu'il aurait préféré que ses parents fassent un autre choix (la culpabilité parentale doit alors être inimaginable). Dans le cas d'un enfant qui ne vient pas au monde, les parents vivront toujours avec le doute de ce qu'il aurait souhaité : ce n'est certainement pas un choix confortable ou « de facilité ».

- Le cas des mères porteuses

Je pense ici au recours aux mères porteuses rémunérées pour leurs « services ». Je fais pour ma part une différence avec la mère porteuse « volontaire », par exemple une amie du couple en mal d'enfants, qui propose de porter le bébé parce qu'elle-même a déjà pu réaliser son rêve de fonder une famille et qu'elle souhaite que ses amis en bénéficient. Ce cas de figure qui se présente parfois n'engage pas de rémunération ou de pression sur cette « mère porteuse volontaire », c'est un choix librement consenti de sa part. Dans le cas des mères porteuses rémunérées, on arrive à un système de marchandisation de l'utérus des femmes qui me choque profondément. À partir du moment où l'argent entre en jeu, on peut mettre en doute le fait que la « mère porteuse » fasse ce choix par altruisme pur (que ce soit par désir ou par nécessité de gagner de l'argent).

Mélanger création de vie humaine et argent est-il éthique ? Discutable, sauf quand on arrive aux cas des mères porteuses issues de pays pauvres qui sont des cas d'exploitation humaine avérée. Ces femmes ne « louent » ainsi leur corps que parce que l'argent touché leur permettra de faire vivre leur famille. Et ceux qui font appel à elles le savent : « louer les services » d'une mère porteuse indienne coûte entre 4000 et 5000 dollars, contre 30 000 dollars pour les « services » d'une mère porteuse américaine. On arrive à un « marché discount » des enfants, à quand les promos « votre bébé à -30% » ? Oui, un couple a le droit de désirer désespérément avoir un enfant. Mais peut-on, au nom de notre désir, exploiter la misère d'autrui ? Certains vous diront qu'en rémunérant la mère porteuse, ils lui ont permis de faire vivre quelque temps sa propre famille. C'est vrai. Comme pour une vente d'organes. Je t'ai pris un rein mais je te l'ai payé, du coup tu pourras t'acheter à manger et ne pas voir mourir de faim tes enfants. Là, c'est « J'ai loué ton utérus pour satisfaire mon désir d'enfant et grâce à cela tes enfants auront à manger pendant quelques mois »... Non, reformulons-le : « Si tu n'avais pas porté mon enfant, tes enfants seraient sans doute morts de faim ». Immonde ? Réel.

Quelle place pour la « mère porteuse » qui a porté le bébé ? Certaines refusent au dernier moment de se séparer de l'enfant qu'elles ont porté et mis au monde, créant batailles juridiques et conflits avec le couple qui a « payé le service ». Il peut paraître paradoxal que des personnes, qui souffrent elles-mêmes de ce manque d'enfant, ne puissent imaginer un instant le revirement d'une mère qui refuse contre toute attente de renoncer à celui qui est un peu son enfant. Le désir de parentalité en viendrait-il à supplanter toute empathie ? Ces « mères porteuses » seraient-elles considérées comme des utérus mécaniques dénués de tout attachement possible ?

- **Quand l'enfant devient un bien de consommation comme un autre**

Ce système de transformation de l'enfant en un bien de consommation que l'on acquiert si on peut se le permettre financièrement atteint ses limites ; le « fait divers » suivant, survenu en Inde, en est un parfait exemple. Un couple d'Occidentaux avait loué les services d'une mère porteuse qui a mis au monde une fillette souffrant d'une sévère malformation du visage. À la découverte de ce défaut physique, le couple a renoncé à rémunérer la mère porteuse et refusé de prendre l'enfant.

La question qui se pose est de savoir comment ces « parents » auraient réagi si la même fillette était sorti de l'utérus de sa mère occidentale, avec sa malformation ? Les parents l'auraient-ils abandonnée là aussi ? Le fait que le bébé ait été porté par une autre personne a-t-il facilité cette mise à distance, cette réaction de « non, ce n'est pas notre bébé » ? Comment concevoir que des parents qui se disent tellement désespérés de ne pouvoir donner la vie qu'ils en sont prêts à recourir aux services d'une tierce personne, rejettent ainsi « leur » bébé parce qu'ils le considèrent comme un objet défectueux à renvoyer au fournisseur ?! Est-ce là l'amour parental ? N'est-ce pas plutôt une déformation de notre société de consommation débridée qui transforme peu à peu l'être humain en un objet parmi d'autres, que l'on veut s'approprier à tout prix, mais qui doit correspondre à nos standards d'esthétique ou de qualité sous peine d'être rejeté ?

Du côté des adoptions, le spectacle n'est guère plus réjouissant. Adopter l'enfant qui nous manque pour lui offrir la famille qui lui manque peut-être un acte magnifique. Mais les débordements liés à l'aspect financier et aux différences de niveau de vie entre pays ternissent le tableau. Adopter de manière réglementaire un enfant qui n'a aucun parent vivant ou prêt à le prendre en charge est une démarche longue, difficile, coûteuse. Certains l'ont bien compris et en ont fait un business : enfants volés, achetés à des familles en détresse contraintes d'en vendre un pour nourrir les autres... On ose croire que certains parents adoptants ne sont simplement « pas très regardants » sur l'origine de « l'orphelin » qu'ils adoptent, la politique de l'autruche est bien pratique. D'autres estiment peut-être que leur désir étant accompagné d'une capacité financière adéquate, ils ont « le droit » d'avoir cet enfant. Tant pis si une autre famille perd le sien, après tout le gamin n'aura-t-il pas une meilleure vie dans un pays développé, avec une famille aisée ? Peut-être. Mais l'enfant n'a pas eu son mot à dire, on a choisi pour lui. La famille qui s'en est séparé a eu, plus ou moins, le choix (si toutefois on peut parler de choix quand il s'agit de sacrifier un enfant pour sauver les autres ou de les regarder dépérir tous ensemble). Les seuls qui ont eu le choix, finalement, ce sont les parents adoptifs. Un choix dicté par l'amour désespéré, ou par le caprice ?

9/ Avoir plusieurs enfants… ou comment chercher les problèmes (et les trouver)

Quand la quantité prévaut sur la qualité

- Avoir plusieurs enfants, c'est réduire la part de chacun

Avoir plusieurs enfants pour leur apprendre à partager, c'est une valeur que mettent en avant certains parents de fratrie, ne voulant pas que leurs enfants deviennent des « égoïstes » ou des « solitaires ». Noble désir que de permettre à son rejeton de développer un comportement altruiste dès le plus jeune âge… Même si cela sous-entend que les enfants uniques sont forcément de petits individualistes en devenir. Qu'ils puissent l'être, je ne le nie pas. Mais certains adultes que je côtoie, pourtant issus de fratries, manifestent un égocentrisme criant qui met à bas cette théorie réductrice.

Les parents, au fond d'eux, ont-ils réellement fait le choix d'avoir plusieurs enfants pour leur inculquer cette notion, ou bien parce qu'eux-mêmes en avaient envie, en estimant que les gamins devraient faire avec ?

Une Maman m'a un jour dit cette très jolie phrase « L'amour, c'est exponentiel, plus tu as d'enfants, plus tu as d'amour à leur donner ». De sa part, je veux bien croire que c'était sincère. Mais qu'en est-il du temps, de l'argent et autres aspects bassement matériels que la pragmatique que je suis ne peux s'empêcher de considérer ?

Le temps n'est pas élastique. Si vous avez quatre enfants, il vous sera impossible, même avec la meilleure volonté du monde, de consacrer autant de temps à chacun que vous n'en auriez consacré à un enfant unique. De plus, vous pouvez répartir le temps à la minute, vous organiser, être équitable, certains de vos mioches auront toujours l'impression que vous passez plus de temps avec leur frère ou leur sœur. Les enfants sont de petits êtres jaloux et possessifs, qui auront tôt fait de voir l'intérêt qu'il peut exister à vous faire culpabiliser parce que vous passez plus de temps avec la petite dernière ou que vous accompagnez le grand frère à toutes ses compétitions sportives. Les optimistes diront qu'il existe toujours la possibilité de faire des activités en famille, où tout le monde est réuni : encore faut-il que les âges de chacun et les centres d'intérêt respectifs s'y prêtent, sans parler de la nécessité d'une ambiance conviviale qui n'existe pas dans tous les foyers.

Financièrement, une famille aux ressources modestes ou moyennes pourra difficilement envisager de payer de hautes études coûteuses à trois enfants, alors que cela serait peut-être possible pour un seul. Comment choisir, dans ce cas ? Réserver les finances pour les études de celui ou celle qui semble le plus capable ? Privilégier l'aîné ? Définir un budget équitable pour chacun en divisant en deux, trois, quatre... les économies dédiées aux études des enfants ? Parfait, si les enfants si retrouvent. Mais si le petit dernier doit renoncer à des études qui l'auraient conduit à un métier passionnant, faute de moyens financiers, la pilule pourra être dure à avaler. Nombreuses sont les personnes qui ont dû abandonner les études qu'elles voulaient suivre parce que leurs parents n'avaient pas les moyens ou parce qu'elles étaient les aînées de la fratrie et ont dû travailler tôt pour aider la famille, ou encore, arrivées en dernier de manière « imprévue », elles n'ont pas pu bénéficier du même soutien financier que les aînés qui étaient déjà lancés dans les études depuis longtemps.

La question de l'espace, directement corrélée à la question financière la plupart du temps, est aussi mise en cause. À moins d'avoir une vaste maison ou la possibilité matérielle d'en changer, si la fratrie s'agrandit, il va falloir serrer un peu tout ce petit monde : partage de chambres, queue à la salle de bains, voire partage de jouets, sont monnaie courante dans les familles ayant accueilli plusieurs gamins. Là aussi, on peut aboutir à une véritable guerre de territoires, à des provocations dignes de tribus ennemies se testant mutuellement, à des vols de joujoux (allant parfois jusqu'au recel et à la séquestration de peluches ou de poupées, imaginez un peu !), bref à des chamailleries diverses, sources de cris et de bouderies qui mettront un terme aux aspirations zens que vous formiez pour votre foyer.

- Le désastre sanitaire représenté par une fratrie

En arrivant à l'école, votre enfant à toutes les chances d'attraper des poux, vous le savez, vous y êtes préparé. Peut-être même le shampoing adéquat est-il déjà dans votre pharmacie, attendant son heure. Avec un peu de chance, les enfants souffrant de maladies contagieuses (je pense à la varicelle, très répandue) étant priés de ne pas venir à l'école, votre gamin ne se trouvera pas infecté par une de ces pathologies enfantines (sauf si le camarade contaminé n'a pas manifesté de symptômes assez tôt et est quand même venu à l'école alors qu'il était déjà contagieux). Bien entendu, s'il va chez la nounou, au contact d'autres enfants, les risques se multiplient (même si là aussi, beaucoup de nounous demandent aux parents de garder leurs enfants malades à la maison, avec les mêmes limites que celles citées pour l'école). Il sera cependant difficile, même pour un enfant unique élevé dans des conditions sanitaires satisfaisantes, d'échapper à quelques rhumes, gastros et autres roséoles. Tout parent doit s'y attendre. C'est même une nécessité car c'est de cette manière que les enfants fabriquent leurs défenses immunitaires.

Prenons le cas d'un enfant unique qui attrape la varicelle : une visite chez le médecin, une semaine au lit, quelques jours de congés pris par papa et/ou maman pour veiller sur le petit malade, et quelques pleurs dus aux démangeaisons pendant une dizaine de jours. On s'en sort un peu fatigué en se disant que ça au moins c'est fait.

Second cas de figure à présent, celui d'une fratrie de trois enfants : l'aîné attrape la varicelle. Les risques sont grands que les deux autres y passent aussi (vivre sous le même toit n'aide pas dans le cas de maladies contagieuses, à moins de mettre le petit malade en quarantaine dans le garage ??). Vous pensez être chanceux car le second ne montre aucun symptôme. Par contre la petite dernière y passe, juste au moment où l'aîné commençait à aller mieux. Deuxième visite chez le médecin, encore quelques jours sans travailler pour soigner la malade numéro deux. Entre temps, le deuxième enfant, celui que vous bénissiez d'être resté sain, revient d'un anniversaire chez un copain avec une vilaine rhinopharyngite, qu'il s'empressera de transmettre à l'aîné, encore affaibli par sa varicelle. Troisième visite chez le médecin, nouvelle absence au travail sauf si les grands-parents sont de bonne volonté... On ne compte plus les pleurs pour démangeaisons, maux de gorge et les nuits blanches qui vont avec.

Vous l'avez compris, avec plusieurs mioches, quand l'un ira mieux, un autre prendra le relais. Je ne connais pas de parent de trois enfants (ou plus) qui n'ait jamais un de ses rejetons malade, et ce à toute période de l'année. Et bien souvent, quand l'un commence, l'autre suit, avec un petit décalage, c'est plus drôle, cela permet d'étaler les soucis sur plusieurs semaines... Alors, quand sort-on du vomi, des diarrhées, du nez qui coule, de la fièvre et des boutons ? Oups, je crois que c'est Papa qui présente à son tour des symptômes... Eh oui, les adultes aussi peuvent y passer !

- Aimer un de ses enfants plus que les autres

Il peut être compliqué pour certains parents de faire la part des choses quand il y a des « préférences » au sein de la fratrie. Peut-être avez-vous un petit faible pour Pierrot, le petit dernier et le seul garçon, mais pourquoi ses sœurs aînées devraient-elles le ressentir, comme si elles portaient une responsabilité dans le fait d'être nées filles et avant lui ? Ou votre chouchoute est la petite Julia, avec ses superbes cheveux dorés et son caractère malicieux qui vous rappelle celle que vous étiez il y a bien longtemps ; vous vous reconnaissez en elle bien plus aisément qu'en son frère Jérôme (il faut dire que question physique et intellect, le petit Jérôme, il faut bien reconnaître que... eh bien, il est gentil, heureusement).

Idem pour le cas de figure où Laura, fillette douée d'un talent de musicienne avéré, accapare toute l'attention de ses parents dont elle fait la fierté, au détriment de ses trois frères et sœur qui ne possèdent pas de « don » particulier : la vie familiale s'organise en fonction des concerts, à table on parle musique, d'autant plus que le père a lui-même pratiqué pendant longtemps un instrument, sans pouvoir en faire son métier. Alors bien sûr, pour sa fille, il rêve d'une vocation qui déboucherait sur un métier artistique. Au point parfois que Gilles, Luc et Flavie, les frères et la sœur, aient l'impression d'être transparents. Flavie adore la boxe par exemple, mais cette passion n'enthousiasme que modérément ses parents qui ne s'investissent pas auprès d'elle comme ils le font auprès de Laura. Difficile dans un contexte de ce genre de ne pas voir naître de jalousies dans la fratrie. Les enfants ressentent facilement les préférences et les sentiments de leurs parents, même quand ceux-ci tentent de les réfréner, alors quand elles sont affichées, imaginez...

C'est pire quand l'un des enfants devient franchement le bouc émissaire des parents, celui qui prend le double des punitions, celui à qui on ne passe aucune bêtise quand les autres bénéficient d'une tolérance relative. Pourquoi, pour la même faute, punir un enfant et pas un autre ? Quel message l'enfant puni va-t-il percevoir ? Une de mes amies d'enfance, Sonia, avait un frère, Pascal, adoré par leur mère qui lui pardonnait tout, des bêtises d'enfance aux fautes plus graves à l'adolescence. Le père tentait mollement de rétablir l'équilibre, sans toutefois oser véritablement s'opposer à sa femme au caractère ombrageux. Un jour que je jouais avec Sonia et Pascal, un désaccord éclata entre eux au sujet des règles d'un jeu : pour une fois, Sonia, d'habitude soumise à son frère, lui tint tête. La situation dégénéra, Pascal frappa sa sœur qui éclata en sanglots bruyants. Inquiète, je courus prévenir leur maman, chez qui nous étions. Celle-ci arriva et décida de punir... Sonia. J'en restai ébahie. Je tentais de réexpliquer ce qui s'était passé à la maman, indiquant bien que c'était Pascal qui avait fait preuve de violence. En vain. Je ne comprenais pas que dans l'esprit de cette maman, son fils adoré ne pouvait avoir tort : sa fille, beaucoup moins chérie, avait forcément une responsabilité principale dans ce qui s'était passé.

Par la suite, j'ai perdu de vue Sonia et Pascal, je n'ai eu de nouvelles que par des connaissances communes : Sonia a quitté le domicile familial très rapidement, tout juste majeure, pour s'installer chez son petit ami qui l'a finalement abandonnée. Pascal s'est vu procurer un travail dans l'entreprise où travaille sa mère et il habite dans le même immeuble qu'elle, avec sa copine. Mère et fils sont toujours fusionnels... Entre la fille méprisée et le fils adulé, cette maman semble avoir clairement fait non pas une, mais deux erreurs !

J'ignore si chaque parent a, tout au fond de son cœur, une petite préférence pour l'un de ses enfants, parce que celui-ci lui ressemble plus, parce que sa personnalité le touche davantage, ou pour tout autre motif.

Si c'est le cas, alors beaucoup de parents parviennent à faire la part des choses et à être équitables, pour le bien-être de la fratrie. Mais pour ceux qui sont incapables de dissimuler leur « préférence », allant jusqu'à se montrer injustes, faire plusieurs enfants était-il un choix judicieux ?

Les relations fraternelles, pour le meilleur et pour le pire

- La situation dans la fratrie : quand aucune place n'est enviable

L'aîné : il est le premier-né, la première source de fierté des parents, le premier descendant à reprendre leur nom. Les parents découvrent leur rôle avec lui, font les erreurs que tout débutant commet, s'inquiètent beaucoup à son sujet. Souvent, ils lui ont préparé une belle chambre qui sera la sienne, à lui seul, séparée de la chambre parentale (même si le berceau restera finalement quelques mois à côté du lit des parents). Les jouets seront les siens, les accessoires de puériculture et les vêtements qu'on lui attribuera n'auront pas été portés (sauf si achetés d'occasion).

Le second : les parents, déjà un peu plus rodés, se disent « Bah, maintenant je sais comment m'y prendre », et ils ont l'adresse d'un bon pédiatre (s'il ne part pas à la retraite) et d'une nounou (pourvu qu'elle ne change pas d'activité). Sauf qu'un gamin ne ressemble jamais à un autre. Bien vite, le second sera comparé au frère ou à la sœur qui l'a précédé : à quel âge il a dit son premier « areu », l'âge des premiers pas, des traits de caractères similaires ou différents... Un partage de chambre est déjà envisageable, ce qui ne réjouira pas forcément l'aîné, habitué à avoir ses aises. J'ai souvent entendu des parents raconter que lorsqu'ils ont annoncé la venue d'un petit frère ou d'une petite sœur à leur premier enfant, celui-ci avait réagi par un « Je vais le mettre à la poubelle », témoignant ainsi d'un enthousiasme modéré face à cette nouvelle (plus rarement l'aîné parle de passer le nouveau venu par la fenêtre, ce qui reste néanmoins dans le même ordre d'idées). On peut décider de mettre cette réflexion sur le jeune âge de l'enfant qui « ne se rendrait pas compte ». N'empêche, la poubelle, il n'y mettrait pas son doudou adoré...

Le troisième (et mettons le dernier) : très souvent, c'est le petit protégé, celui qui sera encore tout petit quand les précédents seront déjà trop vieux pour être habillés comme des poupées ou faire des risettes sur demande. Pire, les aînés seront peut-être déjà entrés dans l'adolescence, cette période maudite par tant de parents. Bref, le petit dernier paraîtra un refuge de douceur et d'innocence pour les parents qui se demandent comment et pourquoi ils ont engendré des créatures telles que les aînés.

Ces rôles ne sont pas figés et divergent selon les familles : tantôt l'aîné sera traité plus durement, devra montrer l'exemple et ne pourra que s'étonner face au laxisme dont ses parents font preuve vis-à-vis du petit dernier, tantôt il sera déifié et les autres galéreront pour lui arriver à la cheville. Dans tous les cas, les rôles des uns et des autres se définiront en fonction des frères et sœurs. Avec souvent une hiérarchie plus ou moins affichée et des « images » collées sur le dos de chacun : l'intello, l'artiste, le chouchou, l'indépendant, la brebis galeuse... Difficile de s'extraire de ces carcans, dont on peut être affublé dès l'enfance, et qui vont jusqu'à orienter la vie de l'enfant et ses choix : si la place de gentil garçon est prise avec brio par le premier, celle d'intello par le deuxième, que reste-t-il au troisième pour se démarquer ? Le comique de service ou le mauvais garçon, celui qui fait scandale ou qui se démarque de la famille en prenant son autonomie très tôt ?

- Les enfants en fratrie s'influencent mutuellement

Il n'y a pas que les maladies qui sont contagieuses : les bêtises le sont aussi. Ce que le grand frère va faire, le petit va vouloir l'imiter. Tant pis s'il s'agit d'aller récupérer un ballon à cinq mètres de hauteur sur le toit du voisin. Le petit Nicolas décide de tracer des dessins au feutre sur le mur de sa chambre ? Sa sœur Laurine ne voudra pas être en reste : vous aurez deux chambres à repeindre pour le coup.

Vous pouvez toujours répéter à l'aîné qu'il doit « montrer l'exemple », on ne sait jamais, cela peut marcher. Sauf si l'exemple ne va pas dans le bon sens, bien entendu. Les enfants sont de petits êtres emplis d'imagination, aimant surenchérir et montrer leur ingéniosité devant les autres, alors, pour impressionner, ils peuvent en arriver à transformer une petite boulette en grosse connerie : on commence par craquer une allumette (chose interdite par maman et papa), on continue en brûlant un morceau de papier à même la table de nuit et on finit par mettre le feu à la chambre. De tels évènements, aux conséquences parfois dramatiques, se produisent régulièrement. Un enfant seul peut bien sûr faire les mêmes bêtises, mais l'effet du groupe sur les actes individuels n'est plus à démontrer, et la multiplication des protagonistes ne peut qu'empirer la situation (chacun se réfugiant derrière le fait qu'après tout, les autres le font aussi, c'est ce qui s'appelle la dilution de responsabilité).

Dans le cas d'une bêtise collective, vous, parents, allez avoir la lourde tâche de définir les responsabilités de chacun et d'attribuer les punitions en conséquence (ou de balancer deux ou trois taloches à la volée, en laissant le soin au hasard de répartir la réception des beignes, avec de la chance ça atteindra les fautifs). N'imaginez pas que ces petits monstres vont assumer héroïquement leur faute, la plupart du temps, chacun va accuser l'autre (ils comprennent vite comment fonctionne le monde, c'est stupéfiant !). Et quand vous retrouvez trois enfants en train de buller dans la cuisine car ils se sont amusés à mettre du produit vaisselle dans leur bouche « pour faire des bulles, parce que c'est marrant », même l'inspecteur Colombo aurait du mal à définir qui a émis l'idée de départ, qui a sorti le produit du placard, qui a fait tourner le flacon, etc. Reste toujours la possibilité, inique mais tellement pratique, de la punition collective.

L'influence entre enfants peut parfois aller dans le bon sens, évidemment (tout peut arriver, même du positif), mais dans le cas d'une influence négative, voire franchement néfaste (comportement violent, délinquance, addiction et autres troubles qui se manifestent dans les années maudites de l'adolescence), vous allez devoir maintenir vos autres gamins à l'écart, sans pour autant diaboliser le fauteur de troubles (ça, c'est dans l'idéal) qui reste quand même leur frère ou leur sœur...

- L'amour fraternel : pas si évident

Certains parents, anciens enfants uniques, ont choisi d'avoir plusieurs enfants afin de leur éviter une situation qui leur a laissé de mauvais souvenirs. D'autres parents, qui ont aimé grandir au sein d'une fratrie, veulent offrir le même cadre à leurs enfants. Leurs arguments sont souvent les suivants : peur de la solitude de l'enfant unique, besoin d'avoir des compagnons de jeu au quotidien, sécurité de créer un noyau familial avec plusieurs enfants qui pourront se soutenir même à l'âge adulte, une fois les parents décédés... Pour ce qui est de l'aspect « enfance heureuse en grandissant dans une fratrie », rappelons que certains desdits enfants passent leur temps à se bagarrer, ou à s'ignorer, chacun pris dans ses activités. D'autres semblent se satisfaire de leur situation de grand frère ou de petite sœur, au moins pendant l'enfance, mais sans aucune garantie que cela perdure.

Je noircis le tableau, croyez-vous ? Vos deux bouts de choux dorment ensemble, se font des bisous et affirment qu'ils s'adoreront et se soutiendront jusqu'à leur trépas ? C'est mignon. Peut-être cela durera-t-il. Mais prenez cinq minutes pour observer ce qui se passe chez les notaires lors des ouvertures de testaments : combien de familles, de fratries, se brisent lors de la répartition de l'héritage ? Et il ne s'agit pas seulement des affaires médiatisées concernant les enfants de telle ou telle star qui se déchirent entre eux pour toucher des millions, non, on parle parfois de quelques milliers d'euros, voire de biens sans valeur intrinsèque (vaisselle, meubles, bijoux fantaisie...). La situation s'est présentée dans ma propre famille, il y a quelques années, brisant à jamais une relation entre un frère et une sœur qui s'entendaient bien jusqu'au décès de leur père. Et à en croire les témoignages de proches, c'est une situation courante : « J'ai droit à ça », « Cet objet m'a toujours été destiné, grand-maman en parlait de son vivant », « Tu as toujours été le préféré de la famille, tu as su te faire bien voir... » Accusations en tous genres fusent, allant jusqu'à causer des ruptures définitives.

L'aspect financier est-il le seul en cause ? Il s'agit trop souvent de « petits » héritages pour ne pas réfléchir aux vraies raisons de cette rancœur, des raisons qu'il faut rechercher beaucoup plus en amont, dès l'enfance. Un frère qui va avoir le sentiment que sa sœur est la « chouchou » des parents, même s'il est lui-même très aimé, sera plus enclin à avoir ce genre de réaction lors de l'ouverture du testament. Des vieilles disputes referont surface, des remarques lancées dix ans avant, sur un ton en apparence anodin, prendront tout leur sens. Au fond, l'héritage ne sera qu'un prétexte, une manière de prouver que l'injustice dans la famille existait depuis toujours. Ce sera d'autant plus facile que les parents ne seront plus là pour maintenir une forme de cohésion familiale.

Un petit dernier ? Non, merci

- Jumeaux, triplés, quadruplés... ou plus

Ça m'amuse toujours de voir des parents en mal d'enfant, qui ont galéré pendant des mois voire des années pour parvenir à se reproduire, se retrouver du jour au lendemain chargés de jumeaux ou de triplés. Un petit trait d'humour de Dame Nature sans doute (« tu l'as voulu, OK, tu vas en avoir... le double ! ») ou la faute à la médecine (les cas de gémellité sont démultipliés avec la procréation médicalement assistée, atteignant jusqu'à 25% des grossesses).

Dans tous les cas, même si on sait que certains facteurs augmentent votre chance (ou votre risque...) d'avoir des jumeaux ou des triplés, comme l'hérédité, le recours à une fécondation in vitro, l'âge de la mère... Sachez que personne n'est à l'abri d'avoir une petite surprise à l'échographie : quatre pieds, deux têtes... Non, ce n'est pas un Alien, ce sont deux bébés pour le prix d'un ! Enfin, pas tout à fait pour le même prix car vous allez devoir tout acheter en double (c'est là que les promos « 1 offert pour 1 acheté » prennent tout leur intérêt). Vous allez sans doute vous réveiller deux fois plus la nuit, même si le numéro 2 n'a pas faim, le fait que le numéro 1 braille à pleins poumons l'a réveillé, du coup il braille aussi... Il faut nourrir, changer et bercer tout ce petit monde, en espérant que les deux parents se répartiront équitablement les tâches.

Là où ça se complique davantage, c'est quand on arrive à trois ou quatre bébés simultanés : il est impossible de tenir plus de deux bébés qui gigotent en même temps et je n'ose même pas imaginer le nombre d'heures de sommeil que cela peut laisser aux parents. Pour les sorties, ce sera aussi un parcours du combattant : avez-vous déjà vu ces poussettes à trois places côte-à-côte ou l'une derrière l'autre, poussées par un adulte à l'air hagard ? On dirait un attelage (sauf que les chiens de traîneau tirent eux-mêmes le traîneau). Et côté professionnel, avec trois bébés ou davantage qui pointent leur nez en même temps, vous pouvez faire un break... Un long break.

Pour rappel, ces grossesses multiples peuvent se produire à tout moment, même après l'arrivée d'autres enfants « uniques », alors avis aux parents de deux enfants qui veulent faire le petit troisième : êtes-vous prêts à potentiellement en accueillir deux ou trois le cas échéant ? Ce qui vous ferait passer de deux à cinq, et là, ce n'est plus du tout pareil... Certes, quelques « tribus » organisées comme des colonies de vacances modèles (ou des régiments de l'armée), parviennent à tirer leur épingle du jeu avec des fratries de cinq, six, sept mômes (ou plus), mais elles sont suffisamment rares pour être mises en avant. Alors, prêts à tenter l'aventure de la famille très nombreuse ?

Pour certains, pas de souci : il n'est pas rare de voir des personnes issues de familles nombreuses reproduire le même schéma dans leur propre foyer, tandis que d'autres adoptent la posture complètement inverse et se limitent à un gamin parce qu'elles ont souffert de cette situation de « tribu » durant leur enfance. Ce fut le cas de ma voisine, Fatima : sœur aînée d'une fratrie de huit enfants qu'elle a élevés tout autant que leur mère, elle n'a eu par la suite, qu'une seule et unique fille : « C'est bien suffisant », dit-elle.

- En faire encore un pour avoir « le garçon » ou « la fille »

Je ne reviendrai pas sur les risques encourus par ceux qui veulent en faire « un petit dernier », bien expliqués au paragraphe précédent. Ce qui est frappant ce sont les cas de parents qui veulent à tout prix avoir « le garçon » ou « la fille », comme on veut une cocotte en chocolat praliné, et uniquement praliné, chez le pâtissier à Pâques. Un gamin, c'est une loterie. On ne choisit pas « un petit blond frisé, d'un mètre soixante à l'âge adulte, avec 130 de QI et des aptitudes littéraires ».

Bien sûr, vous aurez les adeptes du régime alimentaire spécifique permettant de définir le sexe du bébé, ou ceux qui vous expliqueront que la conception doit avoir lieu à telle date, lors de telle phase lunaire, pour avoir à coup sûr un garçon, etc. Ces mêmes personnes pourront vous prédire, à la forme de votre ventre pendant la grossesse, le sexe du bébé (sinon il existe un truc génial et assez fiable qui s'appelle l'échographie). Vous pouvez vous rassurer comme vous voulez, le sexe du bébé, c'est Dame Nature qui choisit, avec une petite association de chromosomes tirés au sort.

Ah, puisque j'en suis là : ce sont les chromosomes du géniteur qui définissent (au hasard, jusqu'à preuve scientifique du contraire) le sexe du bébé. L'homme porte un chromosome sexuel X et un chromosome sexuel Y, alors que la femme porte deux X. Si le mélange se fait avec deux chromosomes X, l'enfant sera une fille, si le géniteur « donne » son chromosome sexuel Y, associé au X de la génitrice, un garçon pointera le bout de son nez. Alors, avis à ces grandes familles royales et autres qui, pendant des siècles, ont répudié les femmes qui ne « parvenaient pas à donner un garçon, un héritier, à leur époux », c'est à Monsieur qu'il fallait s'en prendre...

Enfin, si vous avez la chance d'avoir un bébé (un seul, pas un lot !) en bonne santé, normalement constitué et bien vivant, ne croyez-vous pas que vous en demandez beaucoup en désirant un sexe plutôt que l'autre ? Pourtant, certains et certaines s'acharnent, presque de manière obsessionnelle : une de mes collègues, décidée à avoir un garçon, en est à sa troisième fille... Elle compte recommencer. Se serait-elle arrêtée si elle avait eu le garçon ? Oui, elle le reconnaît en toute franchise. Sympa pour la fille numéro deux et la numéro trois qui ne sont donc que des esquisses, des tentatives ratées...

Attention car ce jeu peut vous mener très loin (quand ça veut pas, ça veut pas) : une de mes amies d'enfance était issue d'une fratrie de sept sœurs. La cause ? Le père voulait obstinément un garçon. Avec sa femme, ils essayaient, encore et encore, jusqu'à obtenir satisfaction. Mais c'est Dame Nature qui a finalement gagné, ils ont renoncé à faire le huitième (qui aurait pu être la huitième). La bonne nouvelle, c'est que jouets et pyjamas ont pu être abondamment réutilisés et que quand la dernière petite sœur est née, l'aînée venait de passer son permis et a pu aller chercher sa maman à la sortie de la maternité !

- **L'enfant unique : une option pas toute rose**

La solution serait-elle d'avoir (pour ceux qui ne peuvent vraiment pas s'en passer) un enfant unique ? Pas si sûr. Car si la situation d'aîné(e), de « celui/celle du milieu » ou de petit(e) dernier(e) est parfois inconfortable, celle d'enfant unique ne vaut guère mieux. Je parle ici en connaissance de cause. Soit, on évite les rivalités, le partage de la chambre, des jouets... Je pense même avoir reçu plus de cadeaux à Noël et pour mes anniversaires que ça n'aurait été le cas si j'avais eu (horreur...) un frère ou une sœur. Je n'ai jamais souffert de solitude, bien que souvent habituée à jouer toute seule, et j'ai même gagné en capacité d'autonomie et d'imagination. À l'école, certains de mes camarades, membres de familles plus nombreuses, me plaignaient, tandis que d'autres m'enviaient. On n'est jamais content de son sort, me direz-vous... Pour ma part, bien que râleuse dans l'âme, l'état de fille unique m'a toujours convenu.

Mais cette condition a cependant apporté son lot de difficultés, suffisamment sérieuses pour ne pas être ignorées. Quand vous êtes enfant unique vous êtes à la fois l'aîné, celui du milieu et le dernier. Dit comme cela, c'est évident, n'est-ce pas ? Mais les implications sont à considérer : tous les espoirs, toutes les attentes, reposent sur vos épaules. Pas de comparaison possible avec un frère ou une sœur, ce qui peut être appréciable, mais pas de solution de secours non plus pour les parents si quelque chose avec vous ne se passe pas comme ils l'avaient prévu. Vous êtes le premier, donc le « brouillon » (non, vous ne finirez pas dans la corbeille à papier quand même), celui avec lequel les parents font leurs armes d'éducateurs. Vous êtes aussi le dernier, celui qui sera toujours, encore plus qu'un autre, « leur bébé ».

Vous n'avez pas à montrer l'exemple à un petit frère ou à obéir à un aîné un brin tyrannique, mais vous êtes le seul élément que vos parents pourront mettre en avant face à d'autres parents. Quand, sur trois gamins, deux évoluent bien et le troisième déraille un peu, on s'empressera de réorienter la conversation sur les mérites de l'aîné en maths ou les talents du dernier dans la musique, en passant sous silence les actes de petite délinquance du second. Là, enfant unique, vous êtes LA référence de vos parents. Alors tant qu'à faire, si vous pouviez être indépendant tout en restant très proche d'eux, intelligent dans les matières classiques et doué pour les arts, absorbé par les études tout en ayant une vie sociale et associative riche, libre d'esprit tout en gardant les valeurs qu'on vous a inculquées, vous seriez parfait. Ça fait beaucoup, non ?

Et bien sûr, vous êtes le seul espoir pour vos parents de devenir un jour des grands-parents ! Imaginez que votre orientation sexuelle complique les choses ou que vous soyez (drôle d'idée !) un « sans-enfant » assumé, et c'est la catastrophe ! La lignée des Dupont va s'arrêter, à cause de vous !! Une famille qui existe peut-être depuis des siècles... Allez, pour dédramatiser, dites-vous qu'entre les invasions qui ont bouleversé l'Europe pendant des centaines d'années et mélangé les populations, les adultères féminins, et un possible (même si peu probable) échange de bébés à la naissance, votre lignée est peut-être déjà brisée depuis longtemps et comprend moins de sang de « Dupont » que de « Durand », voire de « Smith » ou de « Müller ».

10/ Assumer de ne pas vouloir de gosses !

La peur d'être différent

Arrivé à ce stade de la lecture, si vous n'avez pas encore refermé le livre, et si vous faites partie de ceux qui l'ont ouvert parce qu'au fond, ils ne sont pas très sûrs de vouloir avoir des enfants, ou qu'ils s'interrogent sur de bizarres regrets au sujet de ceux qu'ils ont eus (tout en se disant qu'il doit être inquiétant d'avoir de telles pensées), vous devez songer « Oui, tout ça je l'ai entendu, je le vis au quotidien, mais c'est insupportable, comment faire pour ne plus avoir ces remarques, pour ne plus être tiraillé entre ce qu'on attend de moi et mon envie profonde ? ».

Je vais vous décourager d'emblée (désolée...) : vous ne changerez pas les gens, vous ne ferez pas cesser les questions stupides et les remarques désagréables. Par contre, vous pouvez apprendre à vous en foutre royalement, et ça, ça fait un bien fou !

Faites le point sur vous-même, sur vos attentes dans la vie, sur vos aspirations, imaginez-vous dans dix ans avec une vie qui vous comble. Si les gosses n'en font pas partie, eh bien, où est le problème ? À vous de faire les choix qui vous correspondent pour parvenir à vos objectifs. Certains éléments sont des impondérables, il y a des tuiles qui vous tombent dessus, des projets qui échouent, des trahisons et des deuils. C'est vrai. Mais je persiste à croire que l'on est tout de même, en partie au moins, maître de son destin. Si quelque chose vous paraît bon pour vous, faites-vous confiance. Et tant pis si les autres pensent le contraire, ce sera à vous d'assumer vos actes, les autres n'en auront cure, une fois leurs beaux conseils généreusement dispensés.

Quoi que l'on fasse, il y a toujours un domaine où l'on ne fait pas partie de la majorité, un domaine où l'on est « différent ». Cela peut être pesant, pénible. Mais cela vaut-il la peine, pour un sujet aussi grave que celui d'avoir des enfants, de trahir son « moi » profond, par peur du jugement, du rejet ? À chacun de faire le point sur lui-même, et de faire le choix qui lui convient. Si vous êtes en accord avec vous-même dans vos choix, l'opinion des autres perdra beaucoup de son importance.

Et puis, êtes-vous vraiment si seul(e) dans votre cas, si différent(e) ? Je n'en suis pas sûre, il n'y a qu'à voir le nombre d'humoristes actuels qui brodent sur les thèmes des parents et des enfants, souvent avec justesse, mais sans concession voire avec causticité. L'humour « anti-gosse », qui remet en cause le modèle familial traditionnel soi-disant source de bonheur, a du succès. Parallèlement le mouvement « childfree » (littéralement « libre d'enfant »), né à la fin du XX$^\text{è}$ siècle et bien visible sur les réseaux sociaux, prend de l'ampleur : de plus en plus de personnes s'en revendiquent. Ce qui ne signifie pas que plus de personnes qu'avant ne veulent pas d'enfants, mais qu'elles l'assument davantage.

Enfin, dernier élément pour vous mettre du baume au cœur, dont j'ai moi-même fait l'expérience : de nombreuses personnes parmi celles qui ne veulent pas d'enfants ou regrettent d'en avoir (oui, ça existe), viendront s'en ouvrir auprès de vous. Certaines confidences qui m'ont été faites ne l'auraient pas été, j'en suis sûre, à des mères ou pères de famille. « Il n'y a qu'à toi que je peux dire ça, toi, tu comprends, tu me jugeras pas... Ce n'est pas politiquement correct ce que je vais te dire... ». Peut-être, si aujourd'hui plus de personnes, et notamment de femmes « nullipares assumées », revendiquent leur décision pour ce qu'elle est, à savoir un choix de vie comme un autre, ni meilleur ni pire, mais qui leur correspond, demain les esprits s'ouvriront davantage. On a le droit d'en rêver, non ?

Encaisser, encore et encore, les mêmes réflexions

L'humour est une arme très utile face à certaines remarques dérangeantes ou inappropriées. En attendant la ménopause (et les regards de pitié car pour moi il sera « troooop tard !!!!! »), j'ai trouvé une astuce qui marche bien pour répondre à ceux qui me disent que, parce que je suis « jeune », je changerai d'avis (on me l'a dit à quinze ans, à vingt, à vingt-cinq, à trente... ça devient lassant). Quand votre interlocuteur vous sort cette phrase, prenez l'air fasciné et collez votre paume de main ouverte sous le nez de l'importun(e), comme vous le feriez avec n'importe quelle diseuse de bonne aventure, en lançant : « Ah bon, tu connais l'avenir, waouh ! ». Exigez ensuite que la personne vous dise TOUT votre avenir. Parce que, pour savoir ce qui passe dans votre tête et ce qui s'y passera dans quelques années, il faut quand même avoir de sacrés pouvoirs de médium ! Résultat : il y a de fortes chances pour que la conversation change subitement de direction.

Une de mes amies qui n'a pas d'enfants et a dépassé la quarantaine, s'entend toujours dire « Oh, mais ça peut encore t'arriver » par des personnes « bien intentionnées » mais qui se mêlent surtout de ce qui ne les regarde pas. En quoi le fait qu'elle ait ou n'ait pas d'enfant peut-il concerner ces personnes ? Mon amie a pris l'habitude, quand son interlocutrice intrusive a son âge ou à peu près, de lui rétorquer « Et toi, pourquoi tu n'en fais pas un autre ? Tu as encore le temps ». Bredouillement ou silence s'en suivent. Puis des explications vaseuses : « J'en ai déjà deux, ça me suffit » ou « Oh non, je ne me vois pas remettre ça avec un bébé, à mon âge, je n'aurais plus la patience, et puis c'est fatigant quand même »... Ah ? Et pourtant, à l'instant, tu venais de suggérer à une femme de ton âge qu'elle pourrait « encore » avoir un enfant. Ne serait-ce pas donc pas une petite pointe de méchanceté visant à désirer que l'autre connaisse aussi les nuits blanches, les corvées de couches, et maladies infantiles ? On peut se poser la question... N'y aurait-il pas un brin de jalousie au fond, d'imaginer qu'une autre femme a pu mener son existence sans subir les soucis de la maternité, et ne s'en porte pas plus mal, pire, semble même... épanouie ?!

Face à des réflexions intrusives, désagréables, stupides, il n'y a pas cinquante solutions : vous devez apprendre à les ignorer ou à envoyer promener les personnes qui se permettent de vous juger. Si cette idée vous met mal à l'aise, expliquez-moi de quel droit une tierce personne s'arroge le droit de vous dire que « vous allez regretter vos choix » ou que « vous n'aurez pas l'impression d'être pleinement femme », parce que vous ne pondez pas de gosses ?! Faire un enfant (je parle bien de le concevoir et de le mettre au monde, pas de l'éduquer), ne demande pas de compétences particulières, je dirais même que c'est à la portée de quasiment n'importe qui. Hormis en cas de problèmes médicaux, indépendants de notre volonté, mettre une nana en cloque ou se faire engrosser ne requiert pas de qualités extraordinaires dont on puisse tirer un quelconque sentiment de supériorité !

Petites astuces anti-gosses dans des situations concrètes

Pour ma part, face à la bêtise ou à la méchanceté, je n'hésite pas à sur-jouer ma position « anti-enfants ». Quitte à passer pour un(e) original(e), faites-vous plaisir ! Autorisez-vous des remarques qui refroidiront définitivement votre interlocuteur/trice et qui vous serviront dans les situations suivantes.

- L'échographie de Bidule dont vous vous foutez éperdument

Je n'ai jamais compris ce qui pousse certaines femmes à coller sous les yeux de leurs collègues des photos intimes de leur intérieur (je ne parle pas d'images pornos, mais d'échographies, ceci étant, c'est intime aussi, non ?). Le fait est que beaucoup le font. Voici une petite astuce, si, comme moi, ça vous saoule de voir tourner le smartphone de votre collègue contenant les images de son échographie (sur laquelle on ne distingue franchement pas grand-chose, hormis des taches blanches et noires) : fixez un point de l'image et remarquez d'un air innocent « Tiens, il a les doigts palmés, c'est normal ? ». Réaction hystérique de la mère qui s'empresse de vérifier... Essayez de ne pas rire pendant qu'elle s'assure qu'elle ne porte pas un palmipède. Vous aurez ensuite probablement droit à un regard noir : gardez votre sourire innocent, elle vous laissera tranquille la fois prochaine !

- Le port de bébé imposé

Ou quand un heureux parent veut vous coller son bébé dans les bras, pour se reposer le dos peut-être ? Problème : quand on n'aime pas les gosses, c'est pour de vrai, et on n'a pas envie de les tenir, de sentir les odeurs de couche sale, d'avoir potentiellement une régurgitation sur le tee-shirt, ou simplement un truc potelé qui se tortille dans vos bras en vous envoyant des dizaines de décibels dans les oreilles. Et si vous le lâchez par inadvertance, ça ne va pas plaire...

Imaginons un cas concret : vos voisins, jeunes parents au demeurant plutôt sympas, vous invitent un boire l'apéro chez eux. Vous y allez, et là, votre voisine, heureuse maman aux yeux cernés et aux cheveux ternes, semblant considérer qu'elle vous fait un cadeau alors que vous n'avez rien demandé, vous propose de tenir le marmot ! Vous pouvez prétexter un rhume, mais si vous avez fait la bise en entrant, pour la crédibilité, c'est zéro. Et puis, il y a plus drôle comme excuse : expliquez par exemple que vous avez un animal domestique et que vous ne voulez pas rapporter de maladies à Minet le chat, Médor le chien ou Harry le hamster. Là, normalement, vos voisins ne vous proposeront plus jamais de tenir leur mioche (ni le suivant). Bon, il y a fort à parier qu'ils s'abstiendront aussi de vous inviter pour l'apéro à l'avenir...

- Le choix du prénom

Certains parents réfléchissent à haute voix et en collectivité au choix du prénom. D'autres le gardent secret jusqu'à la naissance. Certains optent pour des prénoms classiques, d'autres pour des prénoms originaux. Comment faire quand on vous annonce que la petite chose qui n'est encore qu'un fœtus va porter un nom digne d'un personnage de fantasy ? Si le bébé est né, trop tard, l'état-civil est passé par là, l'enfant va devoir faire avec. Mais si on en est encore au débat, sachez que vous pouvez sauver un enfant du ridicule ! Et à l'occasion vous foutre un peu de la tronche des parents...

N'hésitez donc pas à donner votre avis, gentiment, en indiquant qu'avec un prénom pareil, au Scrabble, on fait au moins 100 points. Vous pouvez enfoncer le clou en trouvant des ressemblances entre ledit prénom et des marques de produits ménagers ou de jeux vidéo (j'ai épargné à la fille d'une collègue le calvaire de porter un prénom similaire, à une lettre près, à une marque de shampoing anti-poux !).

Si cela ne suffit pas, les futurs parents étant parfois de vrais entêtés, soulignez que l'enfant ne saura probablement pas écrire son prénom avant l'âge de 10 ans. Enfin, en dernier recours, faites marcher vos méninges et trouvez toutes les (mauvaises) rimes que l'on peut faire avec ledit prénom (dans le registre grossier ou scatologique, ça fonctionne bien). Vous serez peut-être regardé de travers mais, par-derrière, certains parents opteront quand même pour un changement de prénom (à bien y réfléchir...). Ce qui vous évitera dans 20 ou 30 ans d'éclater de rire quand votre nouvelle jeune voisine se présentera à vous sous le prénom de « Vagina » (je vous promets, ça existe !).

- Le gardiennage forcé

Vous terminez vos courses dans un supermarché et là, un Monsieur tenant un petit garçon par la main s'approche de vous et vous demande si vous pouvez le garder pendant qu'il passe aux toilettes (c'est une urgence). Alerte rouge ! Et si c'était un piège et que le « père » ne revenait pas ? Ou bien qu'il vous accuse ensuite d'avoir essayé d'enlever l'enfant ? Autre possibilité, que l'enfant lui-même, bien dressé, vous accuse de pédophilie afin que le père vous extorque de l'argent. Ou que le gamin vous fasse les poches tout en réclamant un câlin (beurk !). Bien entendu, il faut aussi penser aux possibles maladies dont cet humain miniature pourrait être porteur.

Et même en admettant que rien de tout cela se produise, l'enfant va certainement profiter de ces quelques minutes seul avec vous pour vous abreuver de questions, à la manière de tous les enfants : « Comment tu t'appelles ? T'as quel âge ? T'as un amoureux/une amoureuse ? » (Ça, ce sont les questions types). Viendront ensuite les « Pourquoi » (autre spécialité aussi liée à l'enfance que la choucroute l'est à l'Alsace) : « Pourquoi certaines caisses du supermarché sont fermées ? » « Pourquoi la vendeuse porte une veste rouge ? » « Pourquoi la voiture blanche sur le parking s'est garée là où elle s'est garée ? » Etc, etc. Un puits sans fond, on prie pour que le papa du moulin à paroles ait juste à faire la « petite commission »...

Afin de couper court à la sollicitation du père, refusez de garder l'enfant en prétextant que vous avez des surgelés dans le sac. Ah, si le magasin est une jardinerie, il faut trouver autre chose... Sortez le grand jeu et faites celui/celle qui ne comprend pas la langue : baragouinez quelques mots dans une langue étrangère (une pas trop connue, parce que si le père la parle un peu, vous êtes mal... Choisissez donc un dialecte de Papouasie, par exemple, en général ils sont peu connus). Ensuite, fuyez !

Quelques avantages à ne pas avoir d'enfant auxquels il faut penser

Déjà, vous évitez tous les inconvénients cités au fil des chapitres précédents, ce qui n'est pas rien.

Vous gardez votre liberté, votre autonomie, vous n'êtes responsable que de vous-même. Vous avez du temps pour vous, votre passion, votre boulot (si celui-ci vous plaît), vos amis, votre chéri(e). Et puis si le hobby, le/la chéri(e) ou le boulot commencent à être pénibles, rien, hormis vous-même, ne vous empêche de repartir sur de nouvelles bases, pourquoi pas ailleurs ?

Si vous avez des envies ponctuelles de jouer avec un gamin, ou de transmettre un savoir, sachez qu'il existe des associations diverses qui vous mettront au contact de jeunes (aide aux devoirs, accompagnement en sortie, etc). Vous pouvez aussi faire un peu de baby-sitting ou devenir la Tatie de substitution de l'enfant de vos adorables voisins de palier. La bonne nouvelle ? Vous partagerez essentiellement les bons moments avec ces gamins et laisserez les corvées et punitions aux parents. Et puis, si la situation devient pesante, rappelez-vous que vous pouvez couper les ponts !

Sans enfant, vous n'avez pas à vous soucier de ce que vous laisserez en héritage (préparer l'avenir des rejetons dans un monde incertain est un vrai souci) : si vous voulez dépenser toutes vos économies en faisant un tour du monde avant de mourir, libre à vous ! Alors bien sûr, les années passant, vous allez voir des neveux, nièces, cousins et amis se rapprocher de vous, chacun espérant devenir « celui/celle qui va hériter de la gentille Tata Lulu qui n'a pas de gosses ». Face à des personnes intéressées, n'ayez donc aucun scrupule : jouez de la situation pour vous faire chouchouter, même si vous savez pertinemment que vous allez léguer votre héritage à une association de protection animale !

Pas d'enfant, cela signifie pas de désillusion en ayant tout misé sur ce qui vous paraissait être un remède miracle à bien des frustrations pour finalement obtenir un gamin qui se révèle si différent de ce que vous aviez espéré... et qui n'y est bien souvent pour rien.

Conclusion

On dit qu'observer les enfants des autres est le meilleur moyen de contraception. Pour ma part, je n'ai pas eu besoin de cela pour comprendre, dès mon plus jeune âge, que les gosses, ce n'était pas mon truc. Mais j'avoue qu'observer les mioches des uns et des autres me conforte chaque jour davantage dans mon choix.

Avoir un enfant, c'est une responsabilité à vie et c'est aussi la loterie : si vous avez une âme de joueur, vous pouvez toujours tenter ! Mais ne râlez pas si tout ne se passe pas comme prévu, ce serait aussi absurde que de sortir du casino en chouinant que la méchante machine à sous ne vous a pas fait gagner le jackpot. Si votre vie, votre couple, vous paraissent très bien tels qu'ils sont (sans gamin), pensez-vous qu'il soit judicieux de tout remettre en question en pondant un môme ? Le mieux est l'ennemi du bien, dit le proverbe. Et puis, maintenant que vous arrivez à la fin de ce livre, vous conviendrez que considérer que le gamin est un « mieux » dans la vie, ça se discute…

Trop de gens, trop de couples, font le choix de devenir parents sans avoir conscience de la lourdeur de la tâche et des contraintes inhérentes à ce rôle. La faute en revient en partie à notre société qui idéalise la maternité et « vend du rêve » à certains « adultes » un peu immatures qui se contentent de suivre la tendance générale. Le réveil est difficile, même douloureux, quand ces personnes découvrent la dure réalité, si différente de ce qu'ils imaginaient.

Pour certains individus qui présentent des caractéristiques incompatibles avec la parentalité et ce qu'elle entraîne (c'est-à-dire si vous êtes sauvage, impatient, solitaire, égoïste, instable ou anxieux chronique, par exemple), faire un gosse vous obligera inéluctablement à contrarier vos instincts et vous confrontera à vos propres incohérences. À méditer sérieusement... Et si ça ne passe pas, le gamin en pâtira. Ayant désormais la possibilité de choisir d'avoir ou de ne pas avoir d'enfants, tout en ayant une vie sociale, amoureuse ou sexuelle, pourquoi faire délibérément un choix qui ne nous convient pas ?

Par ailleurs, avez-vous vraiment envie d'exposer un nouvel être, venu du néant (et qui aurait pu y demeurer) à un monde sans pitié, où la maladie, la souffrance, la trahison, le deuil, et finalement sa propre mort, l'attendent ? Vous, vous en avez peut-être envie, mais lui, sera-t-il content d'être là ? Une fois au monde, il sera trop tard pour revenir en arrière, mais il n'hésitera pas à vous en faire le reproche pendant un petit bout de temps le cas échéant... Une amie m'a dit un jour que ne pas faire d'enfants peut être un acte d'amour quasi-maternel vis-à-vis de ces enfants qui ne viendront jamais, parce que les parents y ont renoncé dans leur intérêt à eux. Le raisonnement me paraît tenir debout.

Vouloir être parent, c'est envisager absolument tous les aspects de la question, les chapitres précédents en ont présenté un échantillon... Vous avez sans doute, chacun de vous, des dizaines d'autres raisons, qui vous sont propres et qui demeurent tout aussi valables que celles citées dans ce livre. Plutôt que de suivre un chemin tracé par le système, vous avez la possibilité de choisir, en regardant avec lucidité au fond de vous-même, la voie qui vous correspond. Ça peut faire peur, mais ça permet aussi de se réaliser sincèrement.

Comme me disait un jour une collègue (nouvelle venue ignorant ma position) : « Ah, si on réfléchissait à tout ça, on ne ferait pas d'enfants ! ». C'était dit sur le ton de l'humour, mais chacun sait que l'humour est un parfait moyen pour faire passer un message par ailleurs difficile à formuler. Aussitôt après, elle m'a demandé « Et toi, au fait, tu as des enfants ? ». Devinez la réponse (elle est sortie toute seule) ? « Bah non, j'ai dû trop réfléchir ». Sur le ton de l'humour, bien sûr. Quoi que...

Bibliographie

Les données chiffrées ont été extraites des études et enquêtes réalisées par les organismes suivants :

Institut National d'Études Démographiques (INED) : https://www.ined.fr/

Institut National de la Statistique et des Études Économiques (INSEE) : https://www.insee.fr

Institut National de la Santé Et de la Recherche Médicale (INSERM) : https://www.inserm.fr/

Institut de Veille Sanitaire (InVS) : http://invs.santepubliquefrance.fr/

Institut National de Prévention et d'Éducation pour la Santé (INPES) : http://inpes.santepubliquefrance.fr/

Organisation de Coopération et de Développement Économique (OCDE) : http://www.oecd.org

Retrouvez l'actualité de l'autrice et du livre

sur la page Facebook :

Eve_Libera_Essayiste

sur Twitter :

https://twitter.com/EveLibera

sur Instagram :

https://www.instagram.com/eve.libera/